コミュニティの創造と国際教育

〈日本国際教育学会創立30周年記念論集〉

学会創立30周年記念論集編集委員会 編
佐藤千津 編著

明石書店

目次

第1章 協働知の生成過程における
コンテクストとしてのコミュニティ

——先住民族の言葉と学び　佐藤千津

第2章 日豪における先住民族コミュニティ諸語の継承と
復興のプロローグ

——ポストコロニアリズムの射程　前田耕司

第3章 インドネシアにおける共有価値としての「寛容」の醸成

——市民性教育と宗教教育の教科書に焦点をあてて　服部美奈

第7章　国際先住民族教育運動に見られるアラスカ・ネイティブの教育的戦略

──アラスカ大学発祥の取り組みと内的動機を手がかりに　ジェフリー・ゲーマン

第8章　仏教における「知恵」の教育

──オーストラリアにおける仏教のペダゴジー及びカリキュラム開発のケーススタディ　ゼーン・ダイアモンド／新関 ヴァッド 郁代 訳

刊行にあたって

　日本国際教育学会は 2020 年に創立 30 年という大きな節目を迎え、創立
30 周年記念企画の一環として本書の出版を計画した。ここに刊行の日を迎
えることができ、出版にあたってご協力をいただいたすべての皆様にこの
場を借りて心よりお礼を申し上げる。

　本学会が設立されたのは 1990 年 8 月 8 日のことである。初代会長であ
る東京大学教授（当時）の松崎巌が設立趣意書において強調したのは、様々
な教育課題の基礎に「人類愛に根ざした哲学」がなければならないという
ことであった（日本国際教育学会 1990、p. 1）。学会創立前年の 1989 年には
東西ドイツを分断するベルリンの壁が崩壊し、その 1 か月後には東西冷戦
が終結して国際関係の構図が大きく変化した。1990 年代は新たな社会秩序
の幕開けとなったが、冷戦構造が崩れたことで民族や宗教をめぐる地域的
な対立や紛争が顕在化し、戦禍に苦しむ人々は絶えなかった。また経済に
おいても旧社会主義国を含め、グローバル化や相互依存が進み、身近な日
常生活のなかにも海外の商品や、海外から日本を訪れる人々が急増すると
ともに異文化に触れる機会が多くなった。一方、平均寿命が延び、超高齢
社会を迎え、現役世代が減少するなど、我々が生活するコミュニティは足
元から大きく様変わりした。様々な難問に直面し、「人類愛に根ざした哲学」
をもとに人々が力を合わせて人類共通の課題に取り組むことが必要である
と初代会長が説き、本学会が創立されたのはまさにそうした時代であった。

　創立から 30 年が過ぎ、社会はさらに大きく変貌を遂げつつある。そこ
で本書では、創立 20 周年記念出版後の 10 年を研究の主な射程とし、「国際
教育とコミュニティ」をテーマに、この間の国際教育をめぐる研究や実践
について考察することにした。過去 10 年に限ってみてもコミュニティをめ
ぐる課題はますます複雑なものになっている。国際社会では中東における

政治情勢の不安定化、イギリスのEU離脱による地域的枠組みの再編、「自国ファースト」の世界的なうねりなどは、同じ社会で人々が共存・共生する難しさを浮き彫りにしている。一方、国内では人口減少社会への対応に加え、2011年の東日本大震災をきっかけに家族や地域の「つながり」や「絆」の意味や、学校・家庭・地域の関係性が改めて問われるなど、人々の生活基盤としてのコミュニティの変容がクローズアップされてきた。また、SNSなどメディアテクノロジーの発達と普及はコミュニティの態様を変化させている。

　私たちのコミュニティはどのように変わりつつあるのか。この社会はどこへ向かおうとしているのか。教育の未来をいかに描くことができるのか。本書では、コミュニティを手がかりに国際教育の未来を展望するべく、特集論文6編に加え、公募論文2編において多様な観点からこの問題の考察を試みている。また、2019年に京都で開催された第30回記念大会の公開シンポジウムⅠ「国際教育学の課題と方法を考える―ポストコロニアルの先住民族教育研究をふまえて―」、公開シンポジウムⅡ「仏教の国際化と教育」、課題研究「国際比較から見る教員の働き方改革」の3つの企画については、いくつかの発表を取り上げ、あわせて4編を収めている。なお、これら4編の発表内容は2020年発行の本学会紀要『国際教育』第26号に大会報告として短い報告が掲載されているが、本論集に掲載する論文はそれらに大幅な加除修正を加え、一定の紙幅をもって論文として再構成したものである。

　まず、佐藤（第1章）は、先住民族の言葉と学びのスタイルに着目し、コミュニティにおける協働知生成の可能性を検討しながら、今後の教育の在り方について検討する。協働的な学びによって生成される協働知について、先住民族のオラリティの実践に着目しながら、先住民族の協働的な学びにおけるコミュニティの機能を手がかりに考察する。

　言語は、そのコミュニティの文化的・地域的アイデンティティを形成する要素の一つとして重要である。それが消滅危惧言語である場合、言語そ

れ自体のみならず、コミュニティの存続とも関わり、それを教育システムにいかに位置づけるかが重要な論点になる。そこで、前田（第2章）は、言語とコミュニティ形成の関係について、先住民族言語の維持継承政策・実践が2007年の「先住民族の権利に関する国際連合宣言」（United Nations Declaration on the Rights of Indigenous Peoples）により、いかに変わりつつあるかをオーストラリアの事例に即して分析し、言語の維持継承策を中核とする共生的な教育コミュニティ再構築の可能性について論じている。

　ある社会において多様な人々が平和的に共存するには、それらの価値や行動の規範とすべき共通の概念装置が必要となる。服部（第3章）は、社会において多様なコミュニティが共存するときに一つの価値規範となる「寛容」の概念に着目している。多民族国家であるインドネシアの市民性教育と宗教教育の教科書を「寛容」の観点から分析し、多様なコミュニティが共存するための教育の特徴について考察している。

　コミュニティの共生というときに何よりもまずは他者を理解することが必要である。それも表面的・一面的な理解ではなく、いかに深く正しく理解するかが重要であり、教育の文脈で言えばそれはすなわちいかに教えるか、いかに学ぶかを問うことでもある。小川（第4章）は、日本の高校生とは異なる特徴として、台湾の高校生にとって他の国・地域、特に日本の社会や文化に対する理解の深さに着目し、その要因を分析している。この問いを追究しながら、多文化共生を目指す台湾市民像と関連して重要な位置づけにある、中等教育段階での外国語の多様化政策の意図と実態を明らかにしている。

　多様な価値を背景にもつ人々が共生する社会を実現するプロセスでは、様々な価値のコンフリクトをいかに調整するかが大きな課題になる。田中（第5章）は、「討論」と「民主主義」という観点から多文化社会の理論的枠組みについて考察する。特に、多様な文化的価値を統合する原理として「討論」の有効性に力点を置いて論じている。

　それでは多様性のあるコミュニティを前提とする教育政策や教育実践と

はどうあるべきか。一つの具体例として、玉井・川前（第6章）は、米国アラスカ州の取り組みを紹介する。アラスカ州では、先住民族の主体性に基づき、地域を基盤とする様々な教育アクターが連携・協働して教育をつくりあげる仕組みが整備されている。その現状と課題を分析しながら、日本の課題を考えるための示唆を与えている。

　次のパートは第30回記念大会における発表を踏まえた論文である。まず、公開シンポジウムⅠでは「国際教育学の課題と方法を考える—ポストコロニアルの先住民族教育研究をふまえて—」をテーマに先住民族教育研究をめぐる課題について討論を行った。前述した2007年の「先住民族の権利に関する国際連合宣言」や、その後のアイヌを先住民族と認める日本の国会決議などを踏まえ、本学会では2012年の研究大会をはじめ、2013年、2014年、2017年の大会で、ロシア、オーストラリア、台湾など先住・少数民族教育の取り組みにおいて先進的な事例を有する国・地域からゲストを迎え、研究討議を重ねてきた。その延長として2019年は先住民族研究を例に国際教育研究の課題と方法について検討した。発表者の一人であるゲーマン（第7章）は、先住民族のエンパワーメントという観点からアラスカの先住民族政策を分析している。これまでのような補償的な意味を含意する先住民族教育から、先住民族の権利や主体性に基づいて先住民族自身のエンパワーメントを捉える先住民族研究へという認識転換の重要性について論じている。

　公開シンポジウムⅡ「仏教の国際化と教育」では、現代における仏教の国際化を例に、宗教と国際教育について検討した。仏教はインドから中国や朝鮮半島を通じて日本に伝来した国際的な宗教であり、現代においても国境を越えつつ、各国・地域の教育と関わりを持ちながら、世界的な広がりを見せている。そこで、ダイアモンド（第8章）は、「知恵（wisdom）」の獲得という目標を保ちながら、「肥沃な大地」を求めて仏教を伝えるための知識やスキルが、時や場を超えていかに継承され発展してきたかについて考察している。また、コンウェイ（第9章）は、アメリカにおいて仏

教など東洋的宗教思想はキリスト教との比較で注目されているとし、アメリカにおける仏教、特に真宗教団の現状と課題に即して、日本の仏教界が海外で展開する開教活動を分析している。

　課題研究「国際比較から見る教員の働き方改革」では、教育の担い手である教員の仕事と役割について国際比較の観点から検討した。コーディネーターを務めた岩﨑（第10章）は、アメリカ、イギリス（イングランド）、フィンランドの3か国を取り上げ、日本と比較しながら、働き方改革の課題について考察している。比較分析を踏まえ、教員の職務範囲や教員に求められる資質・能力の違いに着目し、日本の文脈に即した働き方改革を提案するとともに、それと対をなすべき教育改革の必要性を示唆している。

　投稿論文には、5編のエントリーがあり、厳正な審査の結果、研究論文（第11章）と研究ノート（第12章）を1編ずつ掲載した。いずれも「国際教育とコミュニティ」に関する力のこもった論考である。なお、今回は投稿論文以外の論文についても編集委員による査読を行っている。

　また、第23-24期に学会事務局長を務めた金塚と、第31-32期の事務局担当理事である新関が創立20周年以降の学会活動を学会のあゆみとしてまとめている。

　最後に、本書の編集過程では、執筆者の急病による交代や、新型コロナウィルスの感染拡大など予期せぬ事態が生じ、当初の計画より大幅に出版が遅れた。執筆者をはじめ、関係の皆様にはご心配とご迷惑をおかけし、深くお詫びを申し上げるとともに、今日まで辛抱強くお待ちくださったことに心からお礼を申し上げたい。とりわけ明石書店代表取締役社長の大江道雅氏には、昨今の厳しい出版事情にもかかわらず、本書の出版をご快諾いただき、企画の段階から様々なご助言をいただいた。度重なる遅れにも常におおらかにあたたかく見守ってくださり、大きな励みになった。衷心よりお礼を申し上げたい。

日本国際教育学会会長　佐藤千津

【引用文献】

日本国際教育学会（1990）『要覧　創設年度版』。

第1章

協働知の生成過程における
コンテクストとしてのコミュニティ
先住民族の言葉と学び

佐藤千津

1．問題の所在

　コミュニティと教育に関する言説を振り返るとき、過去10年ほどの間で言えばキーワードの一つに「つながり」を挙げることができよう。本書の「刊行にあたって」でも触れたように、国内外の社会情勢の変化は人々の「つながり」や「絆」を捉え直す機会となった。それは日本に限った現象ではなく、例えばイギリスでは社会問題の一つに「孤独」を取り上げ、つながりのある社会の実現を目指す政策を2018年に公表し、国際的な関心を集めたことは記憶に新しい（DCMS 2018）。教育的営みを含め、人々が集まり社会活動が行われる場としてのコミュニティは、それ自体が常に変容する存在であることは言うまでもないが、今日では、それが質・量両面で人々の予測を超える変化を見せていることが問題を複雑にしている。コミュニティに拠って立つ営みとして行われてきた教育は、こうしたコミュニティの変化に伴い、どのように変わろうとしているのか。本稿では、先住民族

の言葉と学びのスタイルに着目し、コミュニティにおける協働知生成の可能性について検討しながら、今後の教育の在り方について考えてみたい。

2．コミュニティの機能と協働知

　教育成果向上の観点から注目を集めた社会科学の分析概念に「社会関係資本（ソーシャル・キャピタル）」がある。ロバート・パットナム（Putnam, R.）（2006，2017）は、社会的つながりの程度を表す社会関係資本は、人々の健康や幸福度、教育上や経済上の成功、治安、児童福祉に大きく影響することを明らかにした。しかもその配分は必ずしも均等ではないと説明し、子どもが利用できる社会ネットワーク上の資源や地域コミュニティの在り様の変化が、教育機会の格差につながる可能性を指摘している（パットナム 2017）。社会の分断が深まりつつある今日、こうした問題にどう向き合えばよいのか。まず学びにおけるコミュニティの社会的機能について「協働知」の観点から見ておきたい。

　清水美香（2015）は、公共政策の視点から「協働知」を「散在する経験・知識・システムの俯瞰をベースにして、知と知、人と人、システムとシステムを繋げ」ることから生まれるものであり、その「プロセスを通して引き出されるレジリエンス」を「協働知創造のレジリエンス」（p. 5）と捉えている。清水は「レジリエンス」を日本語に訳す難しさに触れながら、それを「状況変化を重視し、短・中・長期的な視点から社会に散在する点を線で結び、木を見て森も見ながら、予測しないことが起きても、逆境にあっても折れない環境を生み出すこと」（p. 12）だとしている。多くの「点」が「線」でつながることで得られる新たな視点が次の学びにつながっていく。そのように捉えると、協働知は、つながりをベースに、問題状況や様々なリスクに直面したときに、解決策を繰り出すための絶えざる協働的な学びから生み出されるものと捉えることができるだろう。

　ひとまず本稿では「協働知」を、他者との協働により知識・スキルを再

構成する学習プロセスを基盤とし、人々が持つ知識体系が他者のそれとの邂逅を経て、その枠組みを変化させる過程で生成される「知」であると定義しておきたい。様々な要因のつながりを契機とする協働知生成の過程では、既知の知識・スキルを自己のローカルな経験に照らしてその転用可能性を検討しつつ、その範囲を他者など自己の外部に拡大していく思考プロセスが必要だということにもなる。

　こうした協働知生成のプロセスについて、先住民族の言葉と協働的な学びを手がかりに考えてみたい。もとより協働的な学びは、時代と場所の別を問わず、日常の実践コミュニティのなかでは自然発生的に行われてきた学習スタイルであるが（レイブ＆ウェンガー 1993）、次節以降で述べるのは、それが他の目的、例えばコミュニティの歴史伝承のために行われているにもかかわらず、その実践過程で学習メカニズムが生成・作用し、継承され続けるような先住民族のオラリティの実践である。その際、まずは先住民族をめぐる近年の政策や研究の動向から見ておきたい。

3．先住民族の学びとポストコロニアルな視点

　2007年9月に「先住民族の権利に関する国際連合宣言（U.N. Declaration on the Rights of Indigenous Peoples）」（以下、権利宣言という）が国連総会で採択されたのち、日本においても 2019年には「アイヌの人々の誇りが尊重される社会を実現するための施策の推進に関する法律」が制定され、法律上、初めてアイヌ民族が「先住民族」と明記された。こうした国際動向を背景に各国の先住民族政策はまさに一つの画期を迎えている。

　これまでグリーンフィールドら（Greenfield et al. 2003）の研究に代表されるように、文化によって人間の心理的発達やそのための教育の在り方が異なるとする考えから、先住民族の場合は家庭と学校での指導・学習スタイルの違いが結果として学校教育での格差につながると考えられてきた。そのため、家庭と学校との間の文化的ギャップの解消に向け、言語面での

学習支援が積極的に行われ、大学の教員養成課程においても先住民族の文化や歴史への理解が求められてきた。

　例えば、オーストラリアでは前述した国連の権利宣言を踏まえ、連邦政府による教育改革が進められているが、教員養成について言えば全州共通の教師のスタンダードとして「オーストラリアの教師のスタンダード（Australian Professional Standards for Teachers）」が2011年に策定された（AITSL 2018）。これには7つのスタンダードが設けられているが、先住民族に関して二つの重点領域が設定されている。まず、スタンダード1「生徒及び生徒の学び方を知る」ことには「アボリジニ及びトレス海峡諸島民の生徒のための教育方法」という項目があり、スタンダード2「教育の内容と方法を知る」こととして「先住民族と先住民族以外のオーストラリア人の間の和解を促進するためのアボリジニ及びトレス海峡諸島民に対する理解と尊敬」といった項目がある。スタンダードには教師の熟達度に応じて、その専門性の内実を示した具体的指標がそれぞれに定められているが、教員養成段階においては履修生がその課程の修了までに習得すべき内容であり、教職に就くには少なくともこれらの知識・スキルを身につけていなければならない（AITSL 2018）。

　また、学校教育においても全州共通のナショナルカリキュラムである「オーストラリア・カリキュラム（Australian Curriculum）」が2017年より施行されている。「オーストラリア・カリキュラム」には、(1)「汎用的な能力」、(2)「学習領域」、(3)「クロスカリキュラム優先事項」の3つの要件がある。この「クロスカリキュラム優先事項」には、(1)「アボリジニ及びトレス海峡諸島民の歴史と文化」、(2)「アジアとの関係」、(3)「持続可能性」といった下位領域があり、これらの要素を各教科の学習に盛り込むことが求められている（ACARA n.d.)。そのため、そうした指導ができる教師の育成が求められているのである（Anderson, Ma Rhea & Freer 2018)。

　しかし、こうした取り組みは緒に就いたばかりで、その効果はまだ限定

的である。先住民族以外の生徒との教育格差は依然として解消されていないことも明らかにされている。例えば、オーストラリアの先住民族の生徒が科学に対して持つ関心の高さは、先住民族以外の生徒のそれを上回るにもかかわらず（McConney et al. 2011）、OECD の PISA調査結果で見ると先住民族の生徒の学力は、それ以外の生徒のそれと比較し、依然として2年半ほどの遅れがあり、10年前と変わっていない（Dreise & Thomson 2014）。また、教員養成課程における先住民族理解のための教育を行う上でも、差別や偏見を伴う根深い社会的課題があり、様々な困難がつきまとうことも実証的研究から明らかにされている（Anderson, Diamond & Diamond 2021）。不足しているものを補完するといった補償的意味合いの強いコロニアルな視点からではなく、権利宣言の主旨でもある先住民族の「権利」という視点から教育を捉え直すという意識の転換が求められるのはこのためである（Anderson, Ma Rhea & Freer 2018）。

　この状況を協働知生成の観点から考えると、従来の教育方法では先住民族の知識体系がそれ以外の知識体系と融合しながら、新たな知識体系を創造していくような変化はあまり生じていないと見ることができる。ゲーマンによれば、先住民族の知識体系は、一定の環境において、そこでの自然と密接な関係を保ちつつ形成された複雑なシステムであり、基本的に直接体験により伝承される。そのため、学習過程においては、彼／女らの生活や経験の「場」である当該コミュニティや、コミュニティ内の年長者、特に長く豊かな経験を有する長老の存在と役割が極めて重要になるという（Gayman 2011; ゲーマン 2021）。しかしながら、コンテクストと不可分の経験を基盤とする学習によって得られた先住民族の協働知は、近代以降、そのコンテクストから切り離され、彼／女らの知識体系は掘り崩されていくことになった。このように考えると先住民族の教えや学びのスタイルをポストコロニアルな視点から捉え直し、近代教育において再解釈することには一定の意義があるだろう。そこで次節では先住民族の学びにおける言葉とコミュニティの関係について検討してみたい。

4．先住民族の言葉と学び

　オーストラリアのアボリジニや日本のアイヌ民族は知識や技術を文字ではなく日々のオラリティ実践などによって継承してきた。オラリティとはリテラシーに対比される概念で、ウォルター・オング（1991）がいうところの「文字の文化」に対して、音声や話し言葉による「声の文化」を指す。

　先住民族のストーリーテリング（storytelling）は、生活のなかで守るべき規範や、過去の出来事から学び得たことを次の世代に伝える意味を持っている。例えば、近代以前のアイヌは書き言葉を持たず、口伝で物語を語り継いできた。アイヌのカムイ（神）の体験談として語られる「カムイユカラ」や「ユカラ」、さらに普通の人間を主人公にした物語で節をつけずに日常会話のように語る昔話の「ウエペケレ」などである（アイヌ民族博物館 2018）。萱野茂はアイヌ民族にとってのウエペケレについて次のように述べている。

> 　昔話を語るのが上手なフチ（おばあさん）と一緒に暮らせるということは、年がら年中第一級の家庭教師といるようなものでした。〈中略〉語る方も楽しみながら、そして子どもの年に合わせて理解できるようにしゃべってくれるので、何回聞いても飽きることもなかったし、飽きさせませんでした。（萱野 1988, p. 6）

アイヌ民族にとってそれは単なる昔語りではなく、「生活教典」として、「聞く方にとっては、毎日聞かされている話が架空のものではなしに、今でもどこかで、話に出てくるような生活をしているコタンがあり、人がいると信じていたもの」（萱野 1988, p. 10）だというように日常生活のなかに溶け込んでいた。

　これについて中川裕は、口承文芸、特に叙事詩など物語性のあるものの

一般的条件を五つに整理し、前述したアイヌのそれはこうした条件を保持しているとし、「聞き手の直接存在する所でしか創造されない」(2001, p. 62) ことを条件の一つに挙げている。つまり、語り継ぐには「聞き手」の存在が不可欠であり、しかも聞き手との共在性は、同じ時空間に存在せずとも内容の共有ができる「文字の文化」の継承方法とは異なり、基本的にはその場で聞くという高いレベルの共在感覚が求められる。

　また、昔話を共有することは当該コミュニティの歴史や文化の維持継承をともに担うという「協働感覚」が求められることでもあるだろう。中川は、前述した口承文芸の一般的条件として「その生活共同体での共通の規範意識によって支えられるものであり、そこから大きく逸脱することは許されない」(2001, p. 62) という点を挙げている。まさに先住民族にとってのオラリティ実践の特徴は、それが音声によるというだけではなく、そのコミュニティに固有の人々の関係性とそれに基づく共在性にあり、それが協働的な学びの基盤になっているといえるだろう。

　書字技術（書き言葉）の開発が社会全体の認知能力の変化をもたらしたとする見方は、一般的に「声の文化」から「文字の文化」への移行が文明の発展を導いたとする考えに通じる。文字による伝承のほうが声によるそれよりも確実かつ容易に伝えたいことを継承できるからである。それではなぜ先住民族は「声」を主な伝承手段としたのか。

　近年の研究では、文字の使用という事実によって一律に社会の認知能力が変化するのではなく、それが使用される文脈こそ重要だと指摘されている（梶丸 2018）。つまり、言語や文字が何を媒介にし、どのように使用されたのかが意味をもつということである。このことは継承される「内容」と同程度に、継承する「方法」が重要であることを示唆している。別の見方をすれば、話し言葉で語り継いだ内容を文字によって記録するようになったことで、継承可能な情報は増大したが、言葉による伝承、つまりオラリティ実践に埋め込まれた協働的な学びの機能は低下していったということではないか。オラリティ実践は単なる音声による情報の交換や共有にとど

まらず、そのコミュニティに根ざした共在性や協働性を本質的に伴っており、そのことが当該のコミュニティにおける協働知の生成に重要な意味をもっていると言えるだろう。

5．教育とコミュニティをつなぐ

　それでは、コミュニティにおける協働的な学びを今日的なコンテクストで検討するとしたらどのような可能性が考えられるだろうか。本節ではオーストラリアにおける州レベルの二つの取り組みを見ておきたい。

　国土面積が広大なオーストラリアの場合、沿岸部に大都市が位置し、内陸に向かうほど学校や病院など公的サービスから離れた「リモート（remote）」な地域が広がっている（図1-1）。2016年時点のセンサスでは、先住民族とトレス海峡諸島民の81％はリモートではない地域に居住していたが、リモート地域においてはその25％が先住民族およびトレス海峡諸島民であり（ABS 2017）、リモートエリアには先住民族コミュニティが多く点在する。

　一つ目の取り組みとして見ておきたいのが、オーストラリアのニューサウスウェールズ州で2013年から実施されている「コミュニティ結合戦略（Connected Communities Strategy）」である。州内の学校がその地域の先住民族の学習ニーズをより的確に把握して教育を行うため、先住民族と先住民族以外の住民がコミュニティ・ハブ的役割を担った学校を通してつながり、地域の教育のみならず、健康、福祉、幼児教育、就職訓練などにおいて存在する様々な格差を解消することが企図されている（CESE 2020）。この戦略にはニューサウスウェールズ州先住民族教育コンサルティンググループ（NSW Aboriginal Education Consultative Group Inc.）も関わり、先住民族の教育ニーズを反映するための助言を行っている。2020年現在、当該の戦略に基づき、11のコミュニティがこれに指定されている。

　いずれも戦略の趣旨に基づき、先住民族人口が多い地域に設けられてい

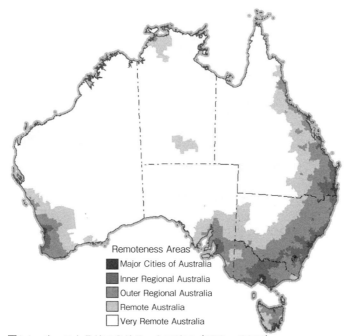

図1-1　オーストラリアのリモートエリア（ABS　2016）

るが、世帯収入、教育達成度、住宅状況、失業率、家庭内暴力、児童虐待、若年層の犯罪、生徒の成績などといったニューサウスウェールズ州の指標に基づき、最も不利益を被るとされる地域が選択され、そのバックグラウンドゆえに厳しい環境に置かれているすべての子どもが対象とされている（CESE 2020）。

　この戦略の成果について、州の最終評価報告書によれば、学校によって違いはあるものの、初等教育段階において全国評価プログラム（The National Assessment Program—Literacy and Numeracy: NAPLAN）テストの結果が大きく改善されたケースも見られ、学力の点では概ね成果を上げたとされている。その一方で、保護者世代が子どもの頃に体験した学校での差別や偏見、あるいは不十分な教育に対する否定的な記憶が、保護者を学

校活動から遠ざけているという課題も指摘されている。学校に対する否定的な記憶が何世代にもわたり再生産されている場合は、保護者のコミュニティへの関わり自体が低調であり、この問題の根深さを表している（CESE 2020）。教育とコミュニティの問題を検討する際には長期的な展望が欠かせないことを示すものでもあるが、既存のコミュニティを結び直し、学校から遠ざかってきた人々を含め、学び直しの場として新たなコミュニティに再編していく試みとして評価できる。

　二つ目として取り上げるのは北部準州の高等教育段階の取り組みである。北部準州はオーストラリアのなかでも面積が広大で、先住民族コミュニティが多く存在する州である。州内のチャールズ・ダーウィン大学（Charles Darwin University : CDU）を中心に2014年から2018年まで連邦政府の財政支援を受けて実施された「包括的コミュニティ・エンゲージメント計画（Whole of Community Engagement Initiative: WCE）」は、大学と6つの先住民族コミュニティをつなぎ、先住民族の高等教育へのアクセスを推進する取り組みである。ボトムアップのコミュニティ・エンゲージメントを通じて、幼児教育から中等教育終了後の生涯にわたる教育まで見据えることで、より長期的な社会・経済・教育的効果の促進を企図した取り組みであり（CDU 2015a）、この点に一つの特徴がある。また、先住民族の知識体系とそれ以外の西洋的な知識体系を対等に扱い、新たな知の創造を目指すところにもう一つの特徴を見ることができる（CDU 2015b）。北部準州の場合、先住民族コミュニティは大学から物理的に離れた地域にあり、なかには数百キロも離れたコミュニティがある。先住民族コミュニティに対して遠くから手を差し伸べるような従来型のアウトリーチやデリバリーといった方法ではコミュニティ全体を視野に入れた取り組みを包括的に実施することは困難である。そのため、リソースや活動自体を当該のコミュニティの内部に位置づけ直すという逆転の発想が必要になる（Osborne et al. 2019）。言うまでもなくその方策には先住民族コミュニティの在り方や、生活、文化に大きな変容をもたらす作用が内在するため、運用にあたっては慎重な

検討が求められる。また長期的展望に基づく WCE の成果を短期的に測る
ことは難しく、WCE自体の持続性も課題ではあるが（Osborne et al. 2019）、
コミュニティの一部に外部から部分的に関わるアウトリーチ型のコミュニ
ティ・エンゲージメントから、コミュニティの概念をあえて拡張し、その
全体を対象としたそれへという発想は、コミュニティの社会的成果を長期
的な視点から捉え直すものである。

6. 結びに代えて

　前節で述べたオーストラリアの州レベルの先住民族に対する教育施策は、
コミュニティの在り方や概念を本質的に問い直し、教育システムを新たに
編み直していく可能性を内に秘めている。そこで重視されているのは教育
や学習におけるコンテクストとしてのコミュニティの重要性である。既知
の知識・スキルを自己のローカルな経験に照らして転用可能性を検討しつ
つ、その範囲を自己の外部に拡大していくという、第1節で述べた「協働
知」の思考プロセスを内包しているように見える。先住民族の協働知は近
代学校制度の個人志向性と相容れず、それが彼／女らの学びを妨げている
と考えられてきたが、その構造はそれほどシンプルではない。協働知生成
のコンテクストとしてローカルな経験が獲得され蓄積されるコミュニティ
という「場」の意味と機能を再定義し、それを学習過程に再定位する新た
な教育システムを構想することが求められているのではないか。言うまで
もなくこの考えは仮説の域を出るものではなく、教育とコミュニティの関
係を考えるための一つの手がかりに過ぎない。今日、グローバルな動きが
各国・地域の教育に大きな影響を及ぼしつつある。地球規模で加速する大
きな流れを前に、教育におけるコミュニティの意味と可能性を改めて考え
ることは、だれのための何の教育なのかを考えることでもある。

【引用文献】

アイヌ民族博物館監修／児島恭子増補・改訂版監修（2018）『アイヌ文化の基礎知識』増補・改訂版、草風館。

ウォルター・J・オング、桜井直文・林正寛・糟谷啓介訳（1991）『声の文化と文字の文化』藤原書店。

梶丸岳（2018）「リテラシーとオラリティを複数化する—声の文化と文字の文化の大分水嶺を越えて—」『文化人類学』83（3），pp. 469-480。

萱野茂（1988）『カムイユカラと昔話』小学館。

ジェフリー・ゲーマン（2021）「国際先住民族教育運動に見られるアラスカ・ネイティブの教育的戦略—アラスカ大学発祥の取り組みと内的動機を手がかりに—」日本国際教育学会創立30周年記念論集編集委員会編『コミュニティの創造と国際教育』（日本国際教育学会創立30周年記念論集）、明石書店、pp. 102-118。

清水美香（2015）『協働知創造のレジリエンス—隙間をデザイン—』京都大学学術出版会。

中川裕（2001）「口承文芸のメカニズム—アイヌの神謡を素材に—」藤井貞和・エリス俊子編『創発的言語態』東京大学出版会、pp. 61-78。

前田耕司・佐藤千津（2011）『学校学力から生涯学力へ—変化の時代を生きる—』学文社。

レイブ, J. & ウェンガー, E.、佐伯胖訳・福島真人解説（1993）『状況に埋め込まれた学習—正統的周辺参加—』産業図書。

ロバート・D・パットナム著、柴内康文訳（2006）『孤独なボウリング—米国コミュニティの崩壊と再生—』柏書房。

ロバート・D・パットナム著、柴内康文訳（2017）『われらの子ども—米国における機会格差の拡大—』創元社。

ABS（Australian Bureau of Statistics）（2016）Remoteness Structure, Retrieved December 5, 2020, from https://www.abs.gov.au/websitedbs/D3310114.nsf/home/remoteness+structure

ABS（Australian Bureau of Statistics）（2017, August 31）Census of Population and Housing—Counts of Aboriginal and Torres Strait Islander Australians, Retrieved December 5, 2020, from https://www.abs.gov.au/statistics/people/aboriginal-and-torres-strait-islander-peoples/census-population-and-housing-counts-aboriginal-and- torres-strait-islander-australians/latest-release

ACARA（Australian Curriculum, Assessment and Reporting Authority）（n.d.）

Cross-curriculum priorities, Retrieved December 5, 2020, from https://www.
australiancurriculum.edu.au/f-10- curriculum/cross-curriculum-priorities/

Anderson, P., Ma Rhea, Z. & Freer, F. (2018) Preservation and Maintenance of Indigenous Histories, Languages, and Cultures: the Role of Education,『日本学習社会学会年報』第14号、pp. 26-35.

Anderson, P. J., Diamond, Z. M., & Diamond, J. F. (2021) Embracing and resisting Indigenist perspectives in Australian pre-service teacher education, in Peter J. Anderson, P. J., Maeda, K., Diamond, Z. M. & Sato, C. (eds.) *Post-Imperial Perspectives on Indigenous Education : Lessons from Japan and Australia*, Routledge, 126-150.

AITSL (Australian Institute for Teaching and School Leadership) (2018) Australian Professional Standards for Teachers, revised version, Retrieved March 17, 2021, from https://www.aitsl.edu.au/docs/default-source/national-policy-framework/australian- professional-standards-for-teachers.pdf

CDU (Charles Darwin University) (2015a) *Whole of Community Engagement Initiative, Developing pathways into higher education for remote Indigenous communities*, Retrieved December 5, 2020, from https://remotengagetoedu. com.au

CDU (Charles Darwin University) (2015b) *Whole of Community Engagement Initiative, Higher Education Participation and Partnerships Program (HEPPP) : Whole of Community Engagement*, Retrieved March 17, 2021, from Initiativehttps://remotengagetoedu.com.au/uploads/assets/uploads/WCE_Communicat ion_and_Engagement_Strategy_website.pdf

CESE (Centre for Education Statistics and Evaluation, Department of Education, NSW) (2020) *Connected Communities Strategy: Final evaluation report*. Retrieved December 5, 2020, from https://www.cese.nsw.gov.au// images/stories/PDF/Connected- Communities_FA6_AA.pdf

DCMS (Department for Digital, Culture, Media and Sport) (2018) *A connected society: A strategy for tackling loneliness – laying the foundations for change*, Retrieved March 14, 2021, from https://assets.publishing.service.gov.uk/ government/uploads/system/uploads/attachmen t_data/file/936725/6.4882_ DCMS_Loneliness_Strategy_web_Update_V2.pdf

Dreise, T. & Thomson, S. (2014) . Unfinished business: PISA shows Indigenous youth are being left behind. *ACER Occasional Essays*, Melbourne: Australian Council for Educational Research. https://www.acer.org//au/occasionalessays/unfinished-business-pisa-shows- indigenous-youth-are-being-left-behind

Gayman, J. (2011) Ainu right to education and Ainu practice of 'education': current situation and imminent issues in light of Indigenous education rights and theory, *Intercultural Education*, 22:1, 15-27.

Greenfield, P. M., Keller, H., Fuligni, A. & Maynard, A. (2003) Cultural pathways through universal development, *Annual Review of Psychology*, 54, 461–490.

McConney, A., Oliver, M., Woods-McConney, A., & Schibeci, R. (2011) Bridging the Gap? A comparative, retrospective analysis of science literacy and interest in science for indigenous and non-indigenous Australian Students, *International Journal of Science Education* 33 (14), 2017-2035.

McKinley, E. (2016) STEM and Indigenous students, *Research Conference 2016*, Australian Council for Educational Research, 64-68.

Osborne, S., Paige, K., Hattam, R., Rigney, L. I. & Morrison, A. (2019) Strengthening Australian Aboriginal Participation in University STEM Programs: A Northern Territory Perspective, *Journal of Intercultural Studies*, 40:1, 49-67.

第2章

日豪における先住民族コミュニティ諸語の継承と復興のプロローグ

ポストコロニアリズムの射程

前田耕司

1. 序

　本研究の目的は、消滅の危機に瀕する先住民族言語に対して国家はどのように向き合っているのか、日本とオーストラリアの事例を中心にして検討し、学校の教育課程における先住民族コミュニティ諸語学習システムの構築の可能性と課題についてナラティブ・アプローチに基づくライフストーリー研究の方法を交えながら考察することである。具体的には、先住民族のアイデンティティの形成および民族としての自己覚醒の涵養に向けた先住民族諸語の継承・復興に取り組むためのカリキュラム構築に向けてどのような議論が展開されているのか、とりわけ、オーストラリアにおいて残存する先住民族言語はどのようにカテゴライズされているのかを検討し、その上で日豪の先住民族言語に対する認識の違いを明らかにする。その際、先住民族の「言語権」を国際的に認めた 2007 年宣布の「先住民族の権利に関する国際連合宣言」(United Nations Declaration on the Rights of

Indigenous Peoples, 以下「UNDRIP」と略記）をポストコロニアルの起点となる重要な指標として位置づけ、UNDRIP宣布後の先住民族諸語学習の構築の必要性がどのように明記されているのかについても検証し、本考察から得た知見に基づきアイヌ語復興の学習の組織化に向けた視座を提示したい。

2．ポストコロニアリズムの規範的枠組みと アイヌ語学習の現状

　ユネスコは、2009年に世界で6000前後存在するといわれる言語のうち、2465 の言語が消滅の危機にさらされているとの調査結果を発表した。その多くが文字を持たない先住民族の言語とされる。日本では、八丈語を加えた琉球諸語（奄美語・国頭語・沖縄語・宮古語・八重山語・与那国語）の計8言語が消滅の恐れのある危機言語のリストに加えられ、なかでもアイヌ語は最も深刻な「消滅危惧」(critically endangered) 言語と分類されたのである（UNESCO 2010）。比嘉（比嘉 2016, pp. 111-119）によれば、このうち、アイヌ語以外のこうした危機言語は日本（文化庁）では「方言」として認識されているが、琉球諸語のそれぞれの言語は、「方言ではなく、独立した個別言語のカテゴリーに入る」とされる。これらの少数言語を方言として認識するか、アイヌ語のように独立した言語として位置づけるかは、政治的な意図が強く働いていることは言うまでもない。本稿で、現存するオーストラリアの先住民族言語の範疇についても触れている理由はこうした観点からであるが、アイヌ語以外の危機言語の考察については紙幅の制限により稿を改めたい[1]。

　1984年、北海道ウタリ協会によって決議された「アイヌ民族に関する法律」(非国家法)では、アイヌ語の継承・復興という視点から、「アイヌ子弟〈原文ママ〉教育にはアイヌ語学習を計画的に導入する」（第2項）（ウタリ問題懇話会編 1988, p. 3）として、アイヌ語をアイヌ民族の母語として学習す

る機会の提供に積極的な関与の必要性を示唆した。先住民族の権利に関するインターナショナル・アイデンティティとしての「先住民族の権利宣言」で考えれば、第14条第1項「先住民族は彼／女らの文化的な教育法および学習法に適した方法で、彼／女ら独自の言語で教育を提供する教育制度および施設を設立し、管理する権利を有する」とする規定と同条第3項「国家は、先住民族と連携して、彼／女らの共同体の外に居住する者を含め先住民族である個人、特に子どもが、可能な場合に、彼／女ら独自の文化および言語による教育に対してアクセスできるよう、効果的措置をとる」という両規定（United Nations 2007, p.5）が該当し、いずれの規定も先住民族コミュニティ内外の違いはあるが、ポストコロニアルの視点から提起された国際的にも共有された規範的枠組みである。これらは、先住民族のアイデンティティ形成の基盤となる先住民族言語の継承・復興につながる教育システムの構築と連動する先住民族の言語権保障を意味する重要な条文といえる。この規定に基づく具体的なアイヌ（語）学習の実践例を挙げれば、今のところ、小学校では北海道沙流郡平取町立二風谷小学校や千歳市立末広小学校の「総合的な学習の時間」を活用してのアイヌ語学習やアイヌ文化学習（6年間で100時間）、その他、札幌市教育委員会の取り組み事例などで見られるような授業実践しかない。とりわけ、平取町立二風谷小学校では、「アイヌ文化の振興並びにアイヌの伝統などに関する知識の普及及び啓発に関する法律」（2019年廃止）が施行された1997年より、「総合的な学習の時間」（年間70時間）のうち「伝統と文化など地域や学校の特色に応じた課題」を探求するという視点から導入された年間10時間の「ハララキ体験活動」（アイヌ文化体験学習）、年間30時間のハララキ調査活動（アイヌ文化調査学習）に加えて、年間10時間のアイヌ語学習が2015年より充当された。平取町立アイヌ文化博物館学芸員補（2019年現在）の関根健司が外部の専門家としてこの授業の特別非常勤講師として携わっている（阿部・関根，筆者による半構造化インタビュー，平取町，2018年8月28日）。人口約360人の70パーセント強がアイヌ民族にルーツを持つ二風谷地区でも、明

治以降の同化政策による日本語教育支配が強まる中、アイヌ語学習の意義が希薄化し、親から子へのアイヌ語の継承が進められなくなったという経緯がある（毎日新聞［地方版］2016年12月16日）。しかしながら、当然のこと、いずれの教育実践も必修科目として位置づいていないところにこの問題の根深さが感じ取れる。表2-1 は、北海道環境生活部がアイヌの人たちが居住している地区のなかから41地区、291世帯を抽出し、15歳以上の世帯員を対象に行ったアンケート調査の結果であり、UNDRIP宣布前の2006年と、2013年および UNDRIP宣布後の 2017年に行った時系列解析による推移が示されている。2017年の調査で「会話ができる」と答えた人は、0.7％、「少し会話ができる」が 3.4％、「話すことはできないが、アイヌ語を少しは知っている」が 44.6％、「話すことも、聞くこともできない」が 48.1％となっている。「会話ができる」「少し会話ができる」と答えた60歳以上の割合が、2006年の前々回調査と比べ減少している（北海道環境生活部 2017, p. 49）。アイヌ語話者の高齢化に伴い、アイヌ語話者が減ってきていることが指摘できよう。一方、30歳代および 30歳未満に限ってみれば、「会話ができる」、「少し会話ができる」、「話すことはできないが、アイヌ語を少しは知っている」は前々回の調査と比べて若干の増加がみられる。二風谷におけるノンフォーマル教育としての「二風谷アイヌ語教室子どもの部」および「二風谷アイヌ語教室成人の部」（関根 2020, pp. 127-132, 萱野 2020, pp. 133-139）による自助努力や札幌大学における「ウレシパ・プロジェクト」（前田 2019, pp .45-64）などによるアイヌ語学習の積極的な支援策が遠因しているのではないかと推察されよう。しかしながら総じていえることは、権利宣言の宣布前と宣布後において基本的にアイヌ語学習における国家レベルでの取り組みに大きな変化は見られず、依然として脱植民地化を志向した権利宣言の意図は反映されていないのが現状である。

表2-1　「アイヌ語についてどの程度できますか」への回答状況

区　分		総数	30歳未満	30歳代	40歳代	50歳代	60歳以上	不詳
29年調査実数		(671人)	(86人)	(67人)	(101人)	(137人)	(266人)	(14人)
1. 会話ができる	平成29年調査	0.7	2.3	0.0	0.0	0.7	0.4	7.1
	平成25年調査	0.9	0.0	0.0	0.0	0.8	1.9	0.0
	平成18年調査	0.7	0.0	1.0	0.0		2.3	0.0
2. 少し会話ができる	平成29年調査	3.4	2.3	3.0	1.0	2.9	4.5	14.3
	平成25年調査	6.3	4.8	6.6	5.8	5.1	7.2	20.0
	平成18年調査	3.9	0.8	0.0	3.8	4.2	8.5	0.0
3. 話すことはできないが、アイヌ語を少しは知っている	平成29年調査	44.6	34.9	37.3	42.6	43.8	51.9	21.4
	平成25年調査	44.2	32.1	42.6	40.3	53.4	46.9	30.0
	平成18年調査	32.4	15.8	33.0	35.1	37.5	38.4	16.7
4. 話すことも、聞くこともできない	平成29年調査	48.1	57.0	56.7	53.5	51.8	39.5	42.9
	平成25年調査	46.2	60.7	50.8	52.9	40.7	40.2	20.0
	平成18年調査	61.2	79.7	66.0	60.3	57.7	49.2	50.0
5. 不詳・無回答	平成29年調査	3.1	3.5	3.0	3.0	0.7	3.8	14.3
	平成25年調査	2.4	2.4	0.0	1.0	0.0	3.8	30.0
	平成18年調査	1.7	3.8	0.0	0.8	0.6	1.7	33.3

出所：北海道環境生活部『平成29年アイヌ生活実態調査報告書』2017年、p.49.
http://www.pref.hokkaido.lg.jp/ks/ass/H29_ainu_living_conditions_survey_.pdf（2020年8月24日閲覧）

3．アイヌ語学習の組織化に向けた議論

　先住民族の権利宣言などの「日本国が締結した条約及び確立された国際法規は、これを誠実に遵守することを必要とする」と規定する日本国憲法第98条第2項の趣旨に照らしていえば、2019年5月に「アイヌの人々の誇りが尊重される社会を実現するための施策の推進に関する法律」（以下、「アイヌ施策推進法」と略記）が制定されたことはアイヌ民族政策において一歩前進したかのように受け止められるが、本法律を見る限り、学校教育においてアイヌ語学習の時間を設置し、アイヌ語の入門から指導者の育成が

可能なレベルまでの体系的なアイヌ語教育を行うことやアイヌ語の教材の開発を行うことなど、アイヌ語・アイヌ文化学習を体系的・継続的に学習する機会を教育課程のなかに具体的にどのように位置づけていくかについての直接的な言及は見られない。かろうじて付帯決議で、「存続の危機にあるアイヌ語の復興に向けた取組、アイヌ文化の振興等の充実に今後とも一層努める」と記されるが、その法的拘束力はないとされる。当然、2017年・2018年改訂の学習指導要領においても人権教育や国際理解教育の視点からの指針はみられるものの、アイヌ語学習の推進に関する具体的な指導のあり方についての追記は見られない。

　こうした動きに対して、萱野茂二風谷アイヌ資料館館長の萱野志朗は、以下のような「アイヌ語公用語法」の制定論を展開する。

　「例えば、公用語地域では役所への出生届・死亡届・婚姻届など様々な届出書類をアイヌ語で作成するようにする。提出する側も受理する側もアイヌ語を読書きできるように学習する必要が生じ、アイヌ語は急速に普及するだろう。現在の日本の公教育はほぼニホン語〈原文ママ〉のみで行なわれ、日本の価値観に基づいた教育しかされない。アイヌ語を公用語化して、教科書や授業でニホン語と併用するようにすれば、アイヌ語に込められている価値観を一緒に学ぶことができるはずだ。アイヌ語を学び、アイヌ文化を学びたい人には、小学校・中学校・高校、そして大学まで、公教育でそれを学ぶことができる機会を提供する義務が、日本政府にはあると思う」(萱野 2018, p. 13)

　萱野の主張の背景には、さきのユネスコの警鐘に見られるように、アイヌ語を始めとした先住民族言語が消滅化の危機に瀕しているという事象へのアンチテーゼとして公教育におけるアイヌ語と日本語による二言語併用教育の保障を目指すという考えが見受けられる。和人には異文化間の相互理解としてのアイヌ語の習得を、一方でアイヌ民族には、小学校・中学校・

高等学校、そして大学まで一貫してアイヌ語を学ぶことにより、希薄化しつつあるアイヌ民族に対する自己肯定感を高めようとする意図があるのではないだろうか。

　先住民族言語を初等・中等・高等教育で体系的に学習する機会が提供されており、大学入学資格科目にも先住民族言語が配当されている先例はオーストラリアにも見ることができる。こうした方法は、「英語以外の言語」教育（Languages Other Than English, 以下、LOTE と略記）の「アボリジナル諸語学習」として、当初は西オーストラリア州を中心に、今日では全豪で展開されている。先住民族諸語の継承・復興へのこうした取り組みは、日本とは異なり、オーストラリアでは UNDRIP の宣布前からみられる。

　こうした先住民族語学習の制度化は、アイヌ語復興の学習環境を整備する必要性を示す海外の事例における一つの証左といえ、アイヌ語学習の組織化の可能性を探る本研究課題は、紙幅の制限により詳述を避けるが、異文化間の相互理解のための学習モデル構築に向けても重要な意味をもつと考えられよう。

4. オーストラリアにおける先住民族言語の多様性と言語復興への取り組み

　同じく 2009 年のユネスコの調査で、言語話者が 22 人しか存在しない北部準州（Northern Territory, 以下 NT と略記）の Alawa語を始めとする 42 の言語が「消滅危惧」言語と指定された（UNESCO 2010）。オーストラリアの場合、どのような先住民族言語が存続し、そしてその継承・復活に向けてどのような取り組みが見られるのであろうか。

　少々古いが 1991 年の国勢調査によれば、家庭で先住民族言語を日常会話とするアボリジナルの数は 43,506 人で、全アボリジナル人口の 16.9％ とされる。しかもこうした先住民族の大多数が北部熱帯の僻遠地域やオーストラリア中央部の砂漠地帯に分布している（Yunupingu, M. 1994, p. 17）。オー

ストラリアの先住民族アボリジナルの社会は単一の言語・文化で形成され
ていたわけではなく、多様な言語から成り立っている。調査当時、先住民
族言語の数は約150といわれており、そのうちのおよそ100の言語は消滅
の危機にあると伝えられる。これらの言語はほんの一握りの話者によって
会話されているにすぎないからである。今のところ、存続可能な言語は
50言語といわれており、これらの言語は数百人から数千人規模の多数の話
者を有する言語であるとされる（Pauwels, A. 1991, p. 29）。しかも、これら
のうちでも積極的に伝承され、子どもたちにも使用されているのはわずか
20言語にすぎないと見られる。このことは同時に、アボリジナル諸語の保
持・継承やそれらの学習を支援する総合的な計画の策定なしには次世代で
使用されるアボリジナル諸語は皆無に等しいということを意味している
（Department of Employment, Education and Training 1990, p. 27）。その一方で、
多くのアボリジナルにとって英語はもはや第二言語といえない状況にある
ことも指摘しておきたい。特に、南東の都市部の非アボリジナル社会に統
合されている「都市分散型」（urban dispersed）（前田 2019, p. 144）のカテ
ゴリーに分類されるアボリジナルにとって英語はもはや主要な生活言語と
化している。1994年に全豪15,700人のアボリジナルを対象に行ったオース
トラリア統計局の調査を見ると、13歳以上のアボリジナルの80％が主要
言語として英語を話していることがわかった。先住民族言語を話している
者はわずか14％に過ぎなかった。さらに、ピジン英語（pidgin English）
やクレオール語（creole）、片言英語（broken English）やアボリジナル英語
に及んではこの調査で3％の者がこれらの言語を話していることがわかっ
たが[2]、これらの言語は統計上、先住民族語とは見なされていない（Madden
1995, pp. 4-69）。それに対して、こうした言語を独立した言語として位置づ
ける以下のような考え方が、先住民族諸語の継承・復興の取り組みのなか
から出てきており注目される。
　西オーストラリア州教育省のコニグスバーグ（Konigsberg, P.）は、こう
した言語を独立した言語ととらえる考え方をオーストラリア国内で顕著な

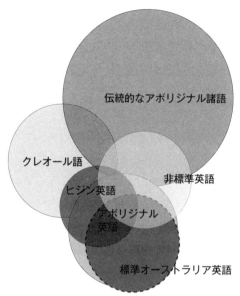

図2-1　オーストラリア諸語と英語の関係図
出　所：Konigsberg,P.,Collard,G.,Malcolm,I.,Williams,J.,Brockman,C.,McHugh,M.,Sab aier, S.and Treacey,K.,（2013）Tracks to Two-Way Learning, Two-Way Bidialectal Workshop,15, August.

オーストラリア諸語と英語との関係図を例示しながら（図2-1参照）、以下のように明快に説明している。

　「アボリジナルの多くは、英語話者に接したときに英語を身につけることはしなかった。むしろ、そうした接触状況において彼／女らは英語をピジン化し、それを自らの言語とともに補助語として使用したのである。しかしながら、アボリジナルの人びとが自らの土地を追われるにしたがい、ピジン形式がアボリジナルの人びとの間のコミュニケーションとして用いられるようになった。彼／女らが使った英語起源の言葉は、英語の意味よりもむしろアボリジナルの意味を伝えるようになったのである。いくつかの場所では、ピジン語を話す環境で育ったアボリジナルの子ど

もたちが自らの主流言語としてピジン語を使用するようになり、それを
さらに発展させ、クレオール化させた。時を経て、多数派文化の圧力で、
ピジン語とクレオール語は新たな英語の影響を受けるようになり、アボ
リジナル英語の形態が現れたとされる」(Konigsberg, 2012)(下線部は筆者)

　それぞれが英語話者とアボリジナルとの接触時に意思疎通の手段として
生まれたピジン英語や隔離政策により多数話者の言語と少数話者の言語が
混ざりあってピジン化し、定着したクレオール（混成語）、英語の方言形
態としてのアボリジナル英語など多数の方言が存在していたことが明らか
であるが、彼女の言説からは、これらの方言もやはり独立した先住民族言
語であるという見方が示されている。
　ここでは、紙幅の都合により詳述しないが、西オーストラリア州では、
1992年に「初等学校におけるアボリジナル語教育の枠組み」(Framework
for the Teaching of Aboriginal Languages in Primary Schools) が示され、先
住民族および非先住民族児童・生徒に対して LOTE 教育としてのアボリジ
ナル語の学習が州立学校の教育課程のなかに組み込まれている（前田 2001,
p. 8）。伝統的な言語に加えて、アボリジナル英語も独立言語に区分される
傾向にあることは、レンジウェイ初等学校（Rangeway Primary School）に
みられるように、アボリジナル・コミュニティで使用されているワジャリ
語（Wajarri）に加えてワジャリ英語（Wajarri English）の学習が「双方向
２方言教育」(Two-Way Bidialectal Education) として位置づいていること
からも明らかである[3]。

5．NT の北端部（Top End）のオーストラリ
　ア諸語の多様性

　前項で述べたクリオール語は NT やトレス海峡諸島に多く見られる言語
体系であるが、筆者は、NTダーウィン市言語教育センターの先住民族言語・

文化コンサルタント（Indigenous Language and Cultural Consultant）のケリー（Kelly, 仮名）に自由な語りを中心とする半構造化のライフストーリー・インタビューを行い、州内のこうした言語の形態と特徴について尋ねている。以下はこれに対するインタビュイーのケリーの応答である。

　「それはピジンではなく、クリオールで、スペリングは K-r-i-o-l です。NT ではこのように綴りますが、クイーンズランド州とトレス海峡諸島では C-r-e-o-l-e と綴ります。クリオールにも、Roper River Kriol 、Fitzroy Kriol 、West Kriol 、Kurinji Kriol など、いろいろな種類があります。・・・＜中略＞・・・話し手は主にアボリジナル言語の文法に英語の単語を乗せて言ったり、アボリジナル言語の発音や綴りを用います。なので、強調の仕方や綴り方が違うことから、英語でも単語の使い方が違う場合があります。また、文法もアボリジナル言語の文法で、英語の文法ではないことも一般的です。ですから、聞いた感じは英語に聞こえますが、意味が違っていたり、英語にはない要素が入っていたりするので英語ではありません。つまり、英語の単語は多用されますが、『アボリジナル化』されているということです。言い方が違っていたり、英語の単語の意味が違っていたりします。クリオールの場合、聞いた感じは英語なので、話の内容がわかった気になっても、実際には全く違うことを話していることもあるので、注意が必要です。例えば先日、ある学校からの訪問者のために、あるコミュニティのなかで伝統的に使われ、今でも使われている言語のリストを作成しました。その人は後で私のところに来て『英語のように聞こえますね』と話していました。その人は子どもたちが話すのを聞いて、最初は英語だと思ったけれども、実は違ったのです。私は彼／女らが話しているのがクリオールだということを知っています。そのコミュニティでは英語も使われますが、子どもの大半は Kriol を使います。・・・＜中略＞・・・アボリジナル英語が使われるとすればキャサリン、ダーウィン、パルマーストン、テナントクリークなど

都市部だけです。ダーウィンの近郊でも使われているかも知れませんが、この辺りまで離れるとクリオールまたは伝統言語です」（Kelly，筆者による半構造化インタビュー，ダーウィン，2012年8月12日）

　ケリーの語りからは、アボリジナルのコミュニケーションの手段として定着したクリオール自体も多様化している現状が読み取れるが、英語文法ではなく、アボリジナル語の文法に依拠していることやアボリジナル言語の発音や綴りの使用が確認できる点が指摘され、コニグスバーグと同様に、明らかに英語とは異なる独立した言語であることを示唆している。

　オーストラリアでは、近年アボリジナル児童・生徒に対してLOTE教育や双方向2方言教育が行われてきているが、NTもその例外ではなく、バイリンガル教育を一部に残しながらも—1973年にNT教育省により開始されたバイリンガル・プログラムは英語のリテラシー水準の低下を招くとして1990年にプログラムの廃止を発表した—双方向2方言教育が実施されている。ケリーによれば、NTでは家庭内で話されている伝統言語を維持するためのプログラムと、子どもたちがクリオールを多用するキャサリン地区などの場合は、伝統言語復活プログラムがあるとされる。具体的に学校の授業では、言語学者やケリーのようなコンサルタントによる支援の下、アボリジナルの教師や指導助手が、アボリジナル・コミュニティの首長による発音などの指導・助言を受けながら、クリオールを話す子どもたちに対して伝統言語のDalabon語やAlawa語の言語教育に取り組んでいるのである。それぞれ違ったスキルや知識を持ち合わせた人たちと支援チームを組織しているところに本プログラムの特徴があるといえよう（Kelly，筆者による半構造化インタビュー，ダーウィン，2012年8月12日）。

　その一方で、ケリーは、コンサルタントして、比較的に方言の少ないアイヌ語と違って[4]、その多様性ゆえの言語選択の難しさを以下のように指摘している。

「現在はコミュニティが複数の言語グループから成るところが大半なので、学校での教授言語はどの言語にするか、あるいは複数の言語にするのかを決めていかなければなりません。子どもたちにどの言語、または複数の言語を学ばせるかについてコミュニティ・ミーティングを開いて、話し合います。例えば Miniyeri というコミュニティに行けば、そこは <u>Alawa の地元なので Alawa語を教えて欲しい</u>と考えます。Wugularr のようなところに行けば、子どもたちが話す第一言語はクリオールですが、<u>Alowa語を学習しています。</u>Wugularr では大半の子どもがクリオールを話しますが、Ritarungo や Rembarunga を話す子どもも一部にいます。・・・＜中略＞・・・私たちはこういう所に出かけていって、プログラムを組織化する協力をします。・・・＜中略＞・・・言語学習を手伝える人がだれか、コミュニティのなかでどのように言語をサポートしていくか、学校ではどれぐらいの期間教えるか、どの言語を教えるかなどを話し合っていきます」（Kelly, 筆者による半構造化インタビュー, ダーウィン, 2012年8月12日）（下線部は筆者）

　また、ケリーは、教授言語選択の際にコミュニティ・ミーティングがどうして必要なのか、コミュニティ・ミーティングの方法にも触れて以下のように詳述している。

　「アボリジニルのコミュニティを相手に活動をするとき、その言葉を話す人とアボリジナルのスタッフが話し合いを持ち、そこでそのコミュニティの子どもたちに教えたい大切な事柄を聞き、血縁関係、土地、アボリジナルの伝統的な食べ物や医学、法律―彼／女らの法律、そして儀式―について話し合います。まずカリキュラムを見て、『これを教えていきましょう』というのではなく、彼／女らが何を言うのかを聞いてから、彼／女らが話した内容をカリキュラムに組み込んでいくのですが、たいていはうまく組み入れられます。これをバックワード・マッピング

（Backward Mapping）といいます。なので、まずコミュニティの話を聞き、それからカリキュラムを見て、彼／女らの意見をどのように組み込んでいけるかを考えて、活動を進めていきます。・・・＜中略＞・・・重要なことは、コミュニティの声を聞くということです。コンサルティングをし、声を聞き、それから教育に関わるものとして学校スタッフとの活動を通じてそれを実現していきます。それが彼／女らが子どもたちに望んでいることだからです」（Kelly，筆者による半構造化インタビュー，ダーウィン，2012年8月12日）

　上記の語りからは、言語選択の難しさが指摘されるが、言語プログラムの導入はコミュニティの事情によって異なり、どの言語を選択するかは、基本的にコミュニティによる自己決定を尊重しながら選択していることが読み取れよう。なかでも、Alowa語の学習は、消滅危機言語として位置づけるユネスコの思惑とまさに一致したケースといえよう。

6．結

　以上の考察の結果、日本においては、2019年に「アイヌ施策推進法」が施行されたが、ユネスコが指定する「消滅の危惧言語」としてのアイヌ語の復興を後押しする規定や取り組みは見られないことが判明した。いっぽう、オーストラリアにおいては、当該地域の多様かつ伝統的な先住民族言語に加えて、クレオールやアボリジナル英語なども独立した個別言語のカテゴリーとして扱い、「先住民族コミュニティ諸語」として学校教育を通して継承・復興していこうとするポストコロニアルの視点に立つ試みが反映されている点が浮き彫りにされた。オーストラリアの場合、州および地域間格差は否定できないものの、ポストコロニアルの視点から組織する先住民族言語教育体系の構築に向けて努力する姿勢は一定の評価ができるといえよう。例えば、伝統的な言語の多くが消滅した西オーストラリアでは、

アボリジナル英語を第一言語として維持する「双方向2方言教育」のプログラムが策定され、実施されている。他方、NTの北端部では、クリオールと伝統的なアボリジナル言語の継承と復興を中心としたプロジェクトが展開されている。注目できるのは、教授言語の選択にあたって、UNDRIPの基本的な枠組みに照らして「先住民族コミュニティによる自己決定」を尊重する姿勢を崩さないことであろう。UNDRIPを承認した国として日本は、オーストラリアの施策をモデルとしてポストコロニアルの視点から「消滅の危惧言語」としてのアイヌ語の復興に向けてどのように取り組むかが今後の課題といえよう。

【注】

1) 2019年は、国連が定めた国際先住民族言語年（International Year of Indigenous Languages）であり、そのことは消滅の危機に瀕する先住民族言語についての認識を一層深める契機ともなった。

2) アボリジナル英語は、統計上、アボリジナルによって話される独特の英語の方言と規定され、系統的には標準的オーストラリア英語（Standard Australian English）とは異なる。いっぽう、クレオールは、初期の英国系入植者とアボリジニとの接触時にコミュニケーションの手段として生まれたピジン英語から発展したものだが、ピジンよりも語彙数が複雑で、文法も確立している。なお、NTで用いられているクリオール語（kriol）は、クレオール語の一種である（McRae, D.（1994）*Langwij Comes to School, : promoting literacy among speakers of Aboriginal English and Australian Creoles,* Canberra, Department of Employment, Education and Training, pp. 10-11.）。

3) 筆者は、2013年8月21日に西オーストラリア州のレンジウェイ初等学校を訪問し、AIEO（Aboriginal and Islander Educational Officer）によるワジャリ語の授業において参与観察を行った。

4) 北海道のアイヌ語の方言には諸説あるが、服部によれば、日高の沙流方言を始めとして、八雲、幌別、旭川、帯広、美幌、名寄、宗谷の諸方言があるとされる［服部四郎編（1964）『アイヌ語方言辞典』岩波書店, pp.10-14.］。

【引用・参考文献】

阿部秀智校長（平取町立二風谷小学校）および関根健司講師にアイヌ語学習について半構造化インタビューを行った（2018年8月28日AM10時、二風谷小学校）。ICレコーダーで録音することと、録音した記録についてはプライバシーに十分に配慮した上で論文執筆に用いる予定があることについて事前に許可を得て行った。

ウタリ問題懇話会［編］（1988）『アイヌ民族に関する新法問題について―資料編―』参考資料「アイヌ民族に関する法律（北海道ウタリ協会案）」。

『毎日新聞』2016年12月16日地方版、「アイヌ語授業を実施『日常会話に』と願い　平取・二風谷小／北海道」
http://mainichi.jp/articles/20161216/ddl/k01/100/357000c（2020年8月24日閲覧）萱野志朗（2018）「アイヌ語の権利」アイヌ政策検討市民会議編（中間リポート）『世界標準の先住民族政策を実現しよう！』pp. 1-32.

ケリー（Kelly，仮名）（ダーウィン市言語教育センター）に先住民族言語教育について半構造化インタビューを行った（2012年8月21日、ダーウィン市言語教育センター）。ICレコーダーで録音することと、録音した記録についてはプライバシーに十分に配慮した上で論文執筆に用いる予定があることについて事前に許可を得て行った。

関根健司（2020）「平取町でのアイヌ語学習の取り組みとアイヌ語公用語化への展望」『日本国際教育学会紀要』第26号、pp. 127-132. および萱野志朗（2020）「公開シンポジウムⅠ『国際教育学の課題と方法を考える ―ポストコロニアルの先住民族教育研究をふまえて―」＜コメンテーター＞『日本国際教育学会紀要』第26号、pp. 133-139.

比嘉光龍（2016）「日本には9つの言語が存在する―琉球諸語復興の第一歩は「方言」ではなく「言語」という認識から―」『複言語・多言語教育研究』日本外国語教育推進機構会誌 No.4, pp. 110-134.

平取町立二風谷小学校編『2017年度研究紀要 二風谷小の教育』および「本校の特色ある教育活動」
http://www11.schoolweb.ne.jp/swas/index.php?id=0110018&frame=frm5ba48b33da02d（2020年8月24日閲覧）

北海道環境生活部（2017）『平成29年アイヌ生活実態調査報告書』p.49. http://www.pref.hokkaido.lg.jp/ks/ass/H29_ainu_living_conditions_survey_.pdf（2020年8月24日閲覧）

前田耕司（2001）「LOTE教育計画とアボリジニ語学習の組織化―民族共生とア

イデンティティーの形成─」『アジア文化研究』（国際アジア文化学会紀要）第8号、pp. 3-17。

前田耕司（2019）『オーストラリア先住民族の主体形成と大学開放』明石書店。

Department of Employment, Education and Training, (1990) *The Language of Australia: Discussion Paper on an Australian Literacy and Policy for 1990s*, Vol.1, Canberra, Australian Government Publishing Service.

Konigsberg, P., (2012) *Two-Way Bidialectal Education in Western Australia*, Institute for Professional Learning, Department of Education, Western Australia, Paper to be Presented at the Japan International Education Society Conference Forum 29 September, Akita International University, Akita.

Madden, R., (1995) *National Aboriginal and Torres Strait Islander Survey 1994: Detailed Findings*, Australian Bureau of Statistics.

Pauwels, A., (1991) *Non-Discriminatory language*, Canberra, Australian Government Publishing Service.

UNESCO *Atlas of the World's Languages in Danger*, http://www.unesco.org/languages-atlas/en/atlasmap.html http://www.unesco.org/languages-atlas/index.php?hl=en&page=atlasmap（2020年8月21日閲覧）

United Nations, (2007) General Assembly, 61/295, *United Nations Declaration on the Rights of Indigenous Peoples*, 2 Oct., 2007, p. 5. http://www.unhcr.org/ refworld/docid//471355a82.html（2010年1月12日閲覧）、上村英明『アイヌ民族の視点から見た「先住民族の権利に関する国際連合宣言」の解説と利用法』市民外交センター、2008年、pp. 23-42を参考に訳出。

Yunupingu, M., (1994) *National Review of Education for Aboriginal and Torres Strait Islander Peoples: A Discussion Paper*, Canberra, Australian Government Publishing Service.

〈付記〉本研究は早稲田大学2020年度特定課題研究（研究基盤形成）の助成を受けて実施した研究（課題番号2020C-152）の成果報告である。

第3章

インドネシアにおける共有価値としての「寛容」の醸成

市民性教育と宗教教育の教科書に焦点をあてて

服部美奈

1. はじめに――問題の所在

　本稿は、多様なコミュニティが共存する社会における一つの価値規範あるいは行動規範としての「寛容」に着目し、多民族国家インドネシアの学校教育で伝達される「寛容」の特質を明らかにすることを目的とする。具体的には、現行の2013年小学校カリキュラムのなかで、特に国民形成に関連する二つの教科である市民性教育（2013年カリキュラムでの教科名は「パンチャシラ・公民教育」）と宗教教育の教科書を考察対象とする。なお、インドネシア語で「寛容」は、一般的には英語「tolerance」からの借用語である toleransi が使用される。

　インドネシアは大小1万3千の島々からなる世界有数の島嶼国家であり、200を超える多様な民族・言語を抱える多民族国家である。2020年の人口は2億7,020万人（中央統計庁）で世界第4位の規模である。このような国のなりたちを背景に、「多様性のなかの統一」を独立後の国家スローガン

に掲げ、多様な背景をもつ国民が共存できる国民国家の仕組みを模索してきた。

　人々の日常生活においては地域によって様々な言語が使用されるため、母語が異なる人々の間のコミュニケーションには共通語であるインドネシア語が使用される。学校の教授言語も原則はインドネシア語であるが、小学校低学年では地方語の使用も考慮される。同時にカリキュラムにおいては各地域の言語や各地域で継承される芸能や音楽、さらに地域で必要とされる教育内容を盛り込んだ地域独自の科目設定も可能である。宗教については、イスラーム、プロテスタント、カトリック、ヒンドゥ、仏教、儒教[1]が政府の公認宗教とされ、信徒の割合は87.2％、6.9％、2.9％、1.7％、0.7％、0.05％（Indonesia.go.id）である。イスラームがマジョリティであるが、イスラームを国教とはしていない。建国五原則[2]である「パンチャシラ」の第一原則では唯一神への信仰が掲げられ、国民は信仰をもつ民として規定されると同時に、憲法によって国民の信仰の自由が保障されている。

　インドネシアでは1998年以降、厳しい国家統制のもとに中央集権的な政治体制を構築したスハルト大統領による政治体制が見直され、ポストスハルト体制期には各分野で民主化が進められている。また、規制の緩和により言論の自由が増したこともあり、一部では民族間・宗教間の不和が顕在化するといった現象も起きている。そのような状況のなかで、あらためて多様なコミュニティや異なる背景をもつ個人がともに生きるための共存のあり方が問われている。ひるがえって、日本の教育基本法においても他者に対する寛容な態度は強調されており、今以上に多様なコミュニティの共存が予想される今後の日本社会において重要な課題である。しかし、藤井・宮本・中村（2013）が指摘しているように、「寛容」は、「時代・社会状況・論者の立場に即して、そのつど異なる意味で使用されてきており」、「複雑な過去に由来する複数の意味を内在させている」（藤井・宮本・中村 2013, p. 123）ことから、分析の際には具体的な用いられ方やその概念が用いられる背景を含めて考察することが必要となる。

　インドネシア教育研究における本稿のテーマに関連する主要な先行研究として、西村によるパンチャシラ教育に関する一連の研究（西村 1986a, 1986b, 1987 など）、中矢によるマルク州アンボンにおける平和教育に関する研究（中矢 2011, 2012 など）、中田・アンディ・服部によるインドネシアの市民性教育に関する研究（中田・アンディ・服部 2017）などが挙げられる。このなかで西村はパンチャシラ教育の歴史的展開と具体的内容に関する考察から国民形成と教育の問題を論じ、パンチャシラ教育がインドネシアの国民形成・国民統合に果たす役割を明らかにしている。中矢は、民族間・宗教間の紛争が課題とされてきたマルク州アンボンの地域教育史を掘り起こし、平和教育の現状と課題を考察している。中田・アンディ・服部は公民教育に焦点をあて、アセアン共同体のなかのインドネシアにおける市民性教育の現状と課題を考察している。これらの先行研究はいずれも多民族・多宗教国家であるインドネシアの学校教育において、国民形成と多様性の尊重がどのように教えられ、また相互に調整されているかを明らかにしている。

　上述した先行研究の成果を踏まえた上で、本稿では特に、「寛容」をキーワードにおいて市民性教育と宗教教育の教科書を分析することにより、インドネシアにおける多様なコミュニティが共存するための教育の特徴を考察する。なお、教育学のなかの「寛容」に関する先行研究として、前述した藤井・宮本・中村（2013）をその一つに挙げることができる。藤井・宮本・中村は、西洋世界における寛容概念、そして日本の道徳教育における寛容の位置づけを分析し、今後さらに寛容概念についての教育学的研究が必要不可欠であると指摘している。

　本稿の構成は以下の通りである。第一に、インドネシアにおける基礎教育（初等教育6年間と前期中等教育3年間）の目的と、現行カリキュラムである2013年カリキュラムの構造を概観し、習得されるべき基礎的コンピテンシーのなかで「寛容」がどのように位置づけられているのかを考察する。第二に、具体的な事例として、教科『パンチャシラ・公民教育』および教

科『宗教教育と道徳』の小学校用教科書を取り上げ、それぞれの教科書に
みられる「寛容」の概念を考察し、その異同を分析する。最後に、インド
ネシアの学校教育で伝達される「寛容」の特徴をもとに、多様なコミュニ
ティが共存するために必要とされる「寛容」のあり方と今後の研究課題を
提起したい。

２．基礎教育の目的と2013年カリキュラムの構造

　基礎教育の目的は、「教育の運営・実施」に関する政令2010年第17号に
おいて、４つの資質をもつ人間の育成を目指し、学習者の可能性の土台を
形成することであると説明されている。４つの資質をもつ人間とは、以
下に掲げられる人間である（Kementerian Pendidikan dan Kebudayaan 2013,
pp. 1-2）。

1. 神に対する信仰をもち、高貴な道徳性を有し、豊かな個性をもつ人間
2. 知識を有し、明晰で、批判的、創造的、革新的な人間
3. 健康な心身をもち、自立性と自尊心をもつ人間
4. 寛容で社会性に富み、民主的で責任感のある人間

　上述の４つの資質は、それぞれ精神性、知性、身体性、社会性に対応し
ている。インドネシアの特徴としてまず挙げられるのは、第一の資質とし
て神に対する信仰が掲げられていることであろう。これは、パンチャシラ
を建国五原則とし、神への信仰を第一原則とするインドネシアの特徴であ
るといえる。つまり、基礎教育の目的のなかで最も重視されるのは信仰深
い国民を育てることである。また、本稿の関連として指摘できるのは、寛
容が第四の社会性の資質の冒頭に挙げられていることである。これらの資
質は基礎教育全体を通して形成されるものではあるものの、特に宗教教育
は第一の資質を形成する教科として、パンチャシラ・公民教育は第四の資

質を形成する教科として位置づけられているといえる。

　次に現行の2013年カリキュラムをみておきたい。同カリキュラムは、コミュニケーション力、読解力、考える力などPISAの影響を受けた21世紀型学力の形成が目指されたもので、学習者中心のカリキュラムとされる[3]。同カリキュラムでは、統合アプローチ[4] が導入されていることがその大きな特徴である。具体的には、小学校1年生から3年生までは理科と社会科を独立した教科とせず、その内容を、パンチャシラ・公民教育、インドネシア語、数学、保健体育などの教科のなかに統合するものとされている。4年生から6年生では理科と社会科を独立した教科としつつ、学習のプロセスにおいては共通のテーマを設けて他の教科とともに統合して教えることが奨励される。

表3-1　2013年カリキュラム（小学校）

教科		学年					
		1	2	3	4	5	6
A 教科群							
1	宗教教育と道徳	4	4	4	4	4	4
2	パンチャシラ・公民教育	5	5	6	4	4	4
3	インドネシア語	8	9	10	7	7	7
4	数学	5	6	6	6	6	6
5	理科	-	-	-	3	3	3
6	社会科	-	-	-	3	3	3
B 教科群							
1	文化芸術・工芸	4	4	4	5	5	5
2	保健体育	4	4	4	4	4	4
週当たり時間数		30	32	34	36	36	36

注）1時限は35分。出典：（Kementerian Pendidikan dan Kebudayaan 2013:2-4）

また、これまで地域の諸言語や伝統芸能など、各地域独自の内容を教えていた教科『地域科』は、B教科群の「文化芸術・工芸」に統合され、身体活動や地域の遊びなどに関する内容は、B教科群の「保健体育」に統合されている。なお、A教科群の内容は中央政府が決定するが、B教科群は中央政府が決定したものに加えて、地方政府が地域独自の内容を加えることができる。したがって、教科としての「地域科」ではなく、教科群のなかに統合される形で地域裁量の教科が設けられるようになったといえる。いずれにしても、ここには独自の文化をもつ地域や民族の多様性への配慮があらわれているといえる。

　宗教教育とパンチャシラ・公民教育は必修教科のなかでも重要教科に位置づけられ、時間数も宗教教育は週4時間、パンチャシラ・公民教育は週4時間から6時間が割り当てられている。前述したように1年生から3年生までは理科と社会科を独立した教科とせず、その内容をパンチャシラ・公民教育、インドネシア語、数学、保健体育などの教科のなかに統合する統合アプローチが導入されているが、4年生以降は独立した教科として理科と社会科が設けられている。そのため、パンチャシラ・公民教育の時間数が週5〜6時間から週4時間になっているものと思われる。宗教教育とパンチャシラ・公民教育は車の両輪にたとえられる。インドネシアの宗教教育は宗派教育であり、生徒の信仰に分かれて授業が行われ、その目的はよき信徒の形成にある。同時に異教徒に対する寛容の態度が説かれるが、それはあくまでも自らの宗教的立場を前提とした上で、かつ一定の宗教的解釈にもとづく寛容の態度であり行動である。一方、パンチャシラ・公民教育では、個々人の信仰の自由を前提としつつ、その強調点は、自分とは異なる宗教を信仰する人々に対する寛容である。つまり、二つの教科のなかで「寛容」はともに育成するべき資質として掲げられているものの、その内容と方向性には異なる側面があるように思われる。以下の項では、この二つの教科で描かれる「寛容」について具体的に検討する。

３．教科書『パンチャシラ・公民教育』（5年生）[5]にみる「寛容」

　教科書『パンチャシラ・公民教育』（5年生）は4課から構成されており、各課のタイトルは、「日常生活におけるパンチャシラの諸価値」（第1課）、「権利・義務・責任」（第2課）、「インドネシアの多様性」（第3課）、「統一の諸価値」（第4課）となっている。

　第1課の内容をみると、植民地支配から独立にいたるパンチャシラ誕生の経緯と国是としての位置づけに関する説明（第1～2単元）に続き、民族文化としてのパンチャシラ（第3単元）、パンチャシラに内包される諸価値（第4単元）、パンチャシラ諸価値の実践（第5単元）となっている。また、第1課全体を通して育まれる態度と行動として、⑴責任、⑵寛容、⑶祖国への愛が挙げられており、⑵寛容は、「自分とは異なる宗教、民族（suku）、人種（etnis）、意見、態度、行動の違いを尊重する態度と行動」と説明されている。以下、第3単元と第4単元を取り上げ、各単元の内容と本稿で着目する寛容との関連を考察したい。

　第3単元は、パンチャシラを民族文化として位置づける内容である。同単元では、「パンチャシラが国是とされる以前から、パンチャシラはすでにインドネシア民族の慣習や文化、宗教的価値のなかに存在」しており、だからこそ「非常に価値あるインドネシア民族の一つの文化である」と説明されている。インドネシア民族としての同質性と多様性については、「インドネシア民族は様々な民族小集団（suku bangsa）から構成されている。中央統計庁の人口センサスによると、インドネシアには1,340の民族小集団が見出される。各民族小集団はそれぞれの文化を有している。それぞれに異なってはいるが、各民族小集団がもつ文化的価値は、基本的には神、人間、自然との関係のなかでの善を教えている。この共通性こそ、インドネシア民族文化としてパンチャシラを位置づける土台となっているのであ

る」という説明がなされる。つまり、民族小集団は異なっていても同じインドネシア民族であり、かつそれぞれが説く善は共通していることが強調される。

第4単元は、五原則が内包する「尊い諸価値」について、1978年国民協議会決定第2号をもとに説明されている[6]。ここでは第一原則「唯一神への信仰」に関係する諸価値についてみておきたい。以下、原文の翻訳を記載する。

インドネシア民族は偉大な神に対する信仰と敬虔さを表明している。すべての国民はそれぞれの宗教を信仰し、他の宗教の信徒を軽んずることなく、宗教の諸規範に沿った生活を営んでいる。一例として、国民生活における神に対するインドネシア民族の信仰心と敬虔な心の表現は、身分証のなかの宗教の記載に表れている。これは、宗教と信仰がインドネシア国民としてのアイデンティティの一部であることを示している。インドネシア民族は、それぞれの信仰に沿って偉大なる神を信仰し、敬虔である。この尊い価値の実践例は、それぞれの信仰と宗教に沿った信仰行為を実践することにある。

信徒間の調和が創り出されるように、信徒間でお互いを尊重し協力する態度を実践する。一例として、異なる宗教の信徒が一つの礼拝施設の建設で協力しあうことが挙げられる。

異なる宗教の信徒間の調和をはぐくむ。一例として、キリスト教徒がクリスマスや復活祭を祝っているとき、異なる宗教の信徒は教会周辺の安全を守るといったように、進んで協力することが挙げられる。

他の人に対して、特定の宗教や信仰を強要しない。各個人は、それぞれの宗教や信仰を信じる自由が与えられている。

教科書では上述の説明とともに、6つの公認宗教の信徒がそれぞれの礼拝施設で祈っている写真が掲載されている。これらの説明から、インドネ

シア民族にとって神への信仰が国民としてのアイデンティティの一部であること、宗教が異なっていても宗教をアイデンティティの一部となす同じインドネシア民族であることから、お互いを尊重することが重要な価値であることが伝えられている。

　このように、『パンチャシラ・公民教育』では、インドネシア民族としての共通性とともに、異なる宗教の信徒に対する「寛容」が説かれている。

4．教科書『宗教教育と道徳』（6年生）[7]にみる「寛容」

　次に宗教の教科書『宗教教育と道徳』（6年生）を検討したい。こちらは『パンチャシラ・公民教育』の教科書とは趣が異なり、クルアーンの章句の説明など、イスラームの教義を中心とした構成となっている。対象として取り上げる教科書は14課から構成されており、前半部分の各課のタイトルは、その課で学習するクルアーンの章も挙げながら、「不信者たち章・食卓章2－3節・部屋章12－13節を正しく理解する」（第1課）、「神の美称」（第2課）、「終末に対する信仰」（第3課）、「運命に対する信仰」（第4課）、「両親・教師・家族に対する敬意と従順な行いを理解する」（第5課）、「不信者たち章を理解する実践として彼らに対する寛容で共鳴的な態度を理解する」（第6課）、「喜捨・扶養費・寄進」（第7課）となっている。また、教科書の後半部分は、良い生き方の模範として預言者や教友が各課で取り上げられている（第8課から第14課）。取り上げられている人物は、預言者ユーヌス（ヨナ）、預言者ザカリーヤー、預言者ヤフヤー（ヨハネ）、預言者イーサー（イエス）、預言者ムハンマド、預言者ムハンマドのすべての教友たちなどである。このうち、実際に「寛容」という表現を用いてクルアーンの章句が説明されているのは第1課と第6課である。第6課の寛容に関する内容は第1課と重複しているため、以下、第1課について詳しくみていくこととする。

　第1課では、課のタイトルにもあるようにクルアーンの3つの章が取り上げられている。教科書には、アラビア語で書かれた章句、ローマ字表記

による読み、そしてインドネシア語で意味が示されている。そして、教師の指導のもと、この章をアラビア語の正しい発音で読めるようになるよう促された後、章の内容に関する主要なポイントが説明される。不信者たち章の主要な内容は、信仰の違いに直面した際に取るべき態度についての内容であり、このことは預言者ムハンマドがクライシュ族の異教徒に向き合ったときにすでに示されていることが教えられている。そして、預言者ムハンマドは彼らに対して常に丁寧にイスラームの教えの真正性を説いていたこと、その時の預言者ムハンマドの行いについて、(1)アッラーのお導きがあるように彼らを誘ったこと、(2)イスラームの教えに従った人に対する天国での嬉しい知らせを伝えたこと、(3)彼らと丁寧に対話し議論したことが伝えられている。また預言者ムハンマドは、預言者とその信徒たちによって帰依される神は不信心な人々によって帰依されるものではないことを伝え、預言者ムハンマドは不信心な人々に帰依されるものに決して帰依しないこと、この世での預言者ムハンマドの務めは、嬉しい知らせや忠告を与える人としてのものであったことが教えられている。そして最後に、上述の説明のまとめとして次の文章が続く。「違いがあることに対して、すべての人は他者に対して寛容（tasamuh）の態度を持たなければならない。寛容は、友情、同胞意識、社会のまとまりを生み出し、人間同士の良好な関係を保つために、非常に重要とされるものである」。

　ここから以下のことを読み取ることができるだろう。第一に、異教徒と不必要に対立するのではなく丁寧に対話することの重要性、第二にイスラームが帰依する神と異教徒が帰依する神を明確に区別し、異教徒の宗教を否定はしないものの、預言者ムハンマドは常にイスラームの真正性を説いていたという点である。特に後者の点については、イスラームの真正性を説くことにより、結果的に異教徒の宗教を劣位に置くことの危険性が指摘されるであろう。つまり、教科書ではこのような態度が「寛容」であると説明されているものの、「寛容」のあり方に対する課題が残されているように思われる。

　続けて同課では、不信者たち章の説明をもとに、「日常生活のなかでの寛容」という単元が設けられており、そのなかで寛容は以下のように説明されている。

　寛容は、秩序をないがしろにしない態度である。寛容があれば、人は他者のすべての行為を尊重あるいは尊敬することができる。暮らしのなかの寛容は二つの形に分けられる。一つめは、宗教を同じくする場合の寛容であり、それはイバーダート（神と人間との間の関係を規定するもの）とムアーマラート（人間と人間の間の関係を規定するもの）において認められる寛容である。二つめは、宗教を異にする場合の寛容であり、それはムアーマラートあるいは社会的な関係のなかでのみ認められる寛容である。

　寛容は、私たちの同胞の悪行を放置することを意味するものではない。同じ信仰をもつ同胞が悪行を行ったのならば、私たちは忠告を与えて注意喚起することが義務とされる。宗教の規範に反する場合に寛容は認められない。

　寛容は、真正性をもつ私たちの信仰を犠牲にするものではない。しかし、寛容は一定の理由にもとづく違いを尊重するものである。異なる宗教の信徒は自らの宗教に従っているため、彼らに対して願いを強要することは禁じられる。アッラーは次のように仰せられた。

　宗教（イスラーム）に従うことに強要はない。実のところ真実の道と誤った道の違いはすでに明白である。（雌牛章256節）

　上述の記述では、信仰を同じくする信徒と異なる宗教の信徒に対する寛容の違いがより具体的に説明されている。イバーダートとムアーマラートは宗教的な概念であり、前者は神に対する人間の信仰に関わる領域、後者は人間の社会生活に関わる領域を意味する。信仰を同じくする信徒の場合、他者が行った宗教規範からの逸脱に対して寛容であるべきではないことが

説かれている。宗教が異なる場合は、他者の信仰に関する領域には干渉せず、社会生活の領域において寛容の態度で他者に接することとされる。つまり、異なる宗教の信徒を尊重し、彼らに宗教の強要はしないことが明確にされる。一方で、預言者ムハンマドの言行とクルアーンの章句の引用からは、「真実の道と誤った道」といったように異なる宗教の信徒に対する一定の固定的なまなざしがあることが理解できる。つまり、『宗教教育と道徳』において説明される「寛容」は、インドネシア民族としての共通性の側面からではなく、同じ宗教の信徒間の関係性と、異なる宗教の信徒間の関係性の違いが強調され、その関係性に応じて寛容の意味に違いがあることがわかる。

　上述の説明がなされた上で、教科書では単元のまとめとして、より一般論に近い角度から、寛容の態度を習慣化するために参考にできる行動と、その実践によって得られる効果を説明する構成がとられている。前者については、「他者に対する寛容の態度を習慣化する上で、私たちは以下の例を参考にできる」として、「1．違いがあることを尊重する、2．友情と同胞愛を築く、3．多様性は必然であり、自然の法則であることを理解する、4．礼儀正しく親しみやすく、親切丁寧な態度を何よりも心がける、5．違いを分裂ではなく、善にたどりつく過程で競い合う媒介とする」といった行動が奨励される。後者については、「正しい形で実践される寛容の態度は、以下の事柄を実現するだろう」として、「1．調和的な環境、争いのない生活と平穏、2．社会のなかの親密性や同胞意識の強化、3．信仰をもつ信徒同士の慈愛、4．暮らしやすい生活、5．人間同士の敵対の回避」の実現が説かれている。

　このように、教科書『宗教教育と道徳』（6年生）はイスラームの教義にもとづく宗教的な「寛容」の説明と、そこから導き出されるより普遍的な寛容の態度および行動に関する説明が織り交ぜられた構成となっている。そして、イスラームとは異なる宗教を信仰する異教徒に対しては彼らの宗教に干渉はせず、社会生活のなかで寛容の態度で接することが強調されている。

5．小括──二つの教科にみる「寛容」の特質と今後の課題

　以上、二つの教科にみられる寛容について考察してきた。『パンチャシラ・公民教育』では、インドネシア国民としてともに生きる上での寛容や国家の調和のための寛容が強調される。つまり、同じ国民であることが、寛容を成立させる共通の土台となっている。一方、『宗教教育と道徳』において共通性の土台は宗教である。信仰を同じくする人々とそうでない人々との間で共通の土台は異なるものとされる。そして、信仰を同じくする人々と信仰を異にする人々に対する寛容の意味が異なっており、宗教としてのイスラームの真正性が前提とされるがゆえに、宗教を異にする人々に対する社会関係上の寛容は強調されるものの、そこには明確な区別がみられる。また、前述したようにインドネシア国民は原則として信仰する国民として規定されることから、教科書では無信仰の人々に対する記述はみられない。しかし、無信仰の人々に対する寛容の態度と行動は、インドネシア国民以外の人たちとの共存を考える上で非常に重要であろう。

　藤井・宮本・中村は、寛容は現在では一般に普遍的な概念とみなされるが、歴史的には各時代のイデオロギーを反映する概念であったと指摘する（藤井・宮本・中村 2013, p. 124）。そして寛容には宗教的側面があり、西洋近世期にカトリックとプロテスタントとの間の宗教上の争いを回避し社会秩序の安定を得るために、「人間としての自己の卑小さと可謬性とを自覚して、他人の罪過を峻厳には責めず、また自分と異なった信仰をもち実践する人びとの権利を承認する」という文脈において寛容の概念があらわれたこと、同時に「寛容の差別性は、寛容するものが寛容される者を道徳的に下位に位置づけることに由来する」と論ずる（藤井・宮本・中村 2013, pp. 125-126）。もちろん、西洋近世の議論をそのままインドネシアの事例にあてはめることはできないが、藤井・宮本・中村の指摘は、本稿で示した二つの教科における寛容の捉え方の違いを考える上で示唆的である。

最後に、本稿のまとめとして次の２点を指摘したい。第一に、インドネシアの事例から導き出される問題、つまり多様なコミュニティが共存するために必要とされる「寛容」は多様に解釈可能なものであり、あたかも自明で普遍的な価値であるかのように曖昧に用いることは避けられるべきであるという点である。第二に、多様なコミュニティが共存するための一つの行動規範が「寛容」であるとすれば、それは学校教育でどのように育成することが可能なのかという点である。このことは一見簡単なようで実は難しい問題である。

　日本においても道徳教育が教科となった今日、多様なコミュニティが存在する社会のなかでどのような「寛容」が必要とされるのか、そして次世代に対していかに「寛容」を教えるのかについて、さらに一歩踏み込んだ議論が必要であると思われる。それぞれの社会における「寛容」のあり方を考えることは、最終的にどのようなコミュニティあるいは共同体の形成を目指すのかという、より根本的な問題につながる。これらの問題群については今後の研究課題であり、稿を改めて論じたい。

【注】

1) ポストスハルト期に華人の復権が行われ、その一つとして儒教が公認宗教の一つに加えられた。儒教を預言者や啓典をもつ他の宗教と並置させて宗教とすることについては宗教学の見地から議論の余地があるが、政治的な配慮であると思われる。なお、インドネシア国民において無信仰という選択肢は原則として認められない。
2) パンチャは５、シラは「徳」をあらわすサンスクリット語。五原則は、第一原則である唯一神への信仰の他、公平で文化的な人道主義、インドネシアの統一、協議と代議制において英知によって導かれる民主主義、インドネシア国民に対する社会正義である。ただし、政権によりパンチャシラの解釈は異なる。
3) 2013年カリキュラムを評価する教育者や研究者は多かったが、現場に導入するには教師の高度な力量が不可欠であった。結局、現場が混乱したために全国一斉の実施は見送られ、導入可能と判断された学校から順次、導入された。

4）原語ではテーマ型（tematik）あるいは統合（integrate）と表現される。

5）取り上げる教科書は、教科書出版大手のアイルランガ出版社から刊行された一般小学校・イスラーム小学校5年生用『パンチャシラ・公民教育』（BKG for Education（2017）*PPKn- Pendidikan Pancasila dan Kewarganegaraan*（*SD/MI Kelas V*）, Penerbit Erlangga とする。この教科書は2013年カリキュラム（2016年改訂）に対応したもので、2013年カリキュラム（2016年改訂）主要コンピテンシーおよび基礎コンピテンシーにもとづき構成されている。

6）この決定はスハルト体制後に新しい決定に替わった。

7）取り上げる教科書は、教科書出版大手のアイルランガ出版社から刊行された一般小学校・イスラーム小学校6年生用『宗教教育と道徳』（Moh.Masrun Supardi dll（eds.）（2018）*Senang Belajar Agama Islam dan Budi Pekerti*（*SD/MI Kelas VI*）, Penerbit Erlangga）とする。この教科書は2013年カリキュラム（2016年改訂）に対応したもので、2013年カリキュラム（2016年改訂）主要コンピテンシーおよび基礎コンピテンシーにもとづき構成されている。イスラーム宗教教育で満たすべき5つの主要な観点は、信仰（Keimanan）、信仰行為（Ibadah）、クルアーン（Al-Quran）、道徳（Akhlak）、イスラーム史（Tarikh）とされている。なお、クルアーンの章の名称は、大塚和夫・小杉泰ほか編（2002）『岩波イスラーム辞典』岩波書店にしたがった。

【引用・参考文献】

中田有紀、アンディ・スウィルタ、服部美奈（2017）「インドネシアの市民性教育—アセアン共同体メンバーをめざして—」平田利文編著『アセアン共同体の市民性教育』東信堂、82-107.

中矢礼美（2011）「平和教育カリキュラムの国際比較研究—平和的な平和構築力の育成に注目して—」中国四国教育学会『教育学研究紀要』57（1），87-92.

中矢礼美（2012）「インドネシア・アンボンの成り立ちと教育—地域教育史から読み解く『地域の課題』—」中国四国教育学会『教育学研究紀要』58（2），518-523.

西村重夫（1986a）「パンチャシラ道徳教育の成立と発展」『日本比較教育学会紀要』（12），88-95.

西村重夫（1986b）「パンチャシラ道徳教育の構造」『九州大学比較教育文化研究施設紀要』（37），25-56.

西村重夫（1987）「パンチャシラ道徳教育の諸相」『九州大学比較教育文化研究

施設紀要』(38), 47-66.

藤井基貴、宮本敬子、中村美智太郎 (2013)「道徳教育の内容項目『寛容』に関する基礎的研究」『静岡大学教育学部研究報告 (人文・社会・自然科学篇)』第63号, 123-134.

BKG for Education (2017) *PPKn: Pendidikan Pancasila dan Kewarganegaraan* (*SD/ MI Kelas V*), Penerbit Erlangga.

Kementerian Pendidikan dan Kebudayaan (2013) *KURIKULUM 2013 Kompetensi Dasar Sekolah Dasar* (*SD*) *& Madrasah Ibtidaiyah* (*MI*) .

Moh. Masrun Supardi dll (eds.) (2018) *Senang Belajar Agama Islam dan Budi Pekerti* (*SD/MI Kelas VI*), Penerbit Erlangga.

Peraturan Pemerintah Nomor 17 Tahun 2010 tentang Pengelolaan dan Penyelenggaraan Pendidikan (教育の運営・実施に関する政令 2010年第17号).

ウェブサイト

Indonesia.go.id (Portal Informasi Indonesia) https://indonesia.go.id/profil/agama (2021年8月18日最終閲覧).

第4章

台湾市民と外国語
高校教育における第二外国語科目の意義

小川佳万

1. はじめに

　筆者はこれまで、アジア理解を目的とする授業案を開発し、さらに日本と台湾の高校（原語 高級中学）でそれを実践することを通して、運用上の成果や課題などを振り返り、授業案の汎用性を高めてきた。これまでの成果（授業コンテンツ）については報告書としてまとめている（小川 2019）。こうした貴重な授業実践のなかで一般的な傾向として指摘できる点は、台湾の高校生の外国、特に日本の社会や文化に対する理解の深さである。同じことを日本の高校でも実施しているが、台湾について、あるいは隣国についての理解は彼らほどではない。また、この実践を中国の（高校ではなく）大学でも実施しているが、日本の状況と大差ない印象を受ける。この違いはどこから生まれてくるのであろうか。

　本論ではこの素朴な疑問から出発し、その原因を探りながら、台湾の目指す市民像についてその特質を明らかにすることを目的とする。以下では、

まず筆者自身が台湾の高校で実施した質問紙調査結果の一端を示しながら、その傾向を政策との関係から把握する。次に高校段階での第二外国語科目の意義について確認し、その実態を明らかにしながら言語の観点から台湾市民像について考察していくことにしたい。

２．台湾の外国語教育政策

⑴　高校生のグローバル人材像

　グローバル化の波は世界中を席捲し、その影響は我々の日常生活にも及んできている。特に学校教育との関係でいえば、外国語教科、実質的な英語教育の強化であり、近年特に注目されているのは「英語四技能」であろう。この点は隣国を見渡しても大同小異であり、スピーキングやライティングの重視、あるいは TOEIC や TOEFL といった外部試験の流行、さらには英語教育の小学校段階からの早期化などが共通点として指摘できる（北村 2016）。

　この点に関して筆者には興味深いデータがある。「はじめに」で言及したとおり、現在台湾の高校でアジア理解のための授業を実践しているが、授業後に改善のためのアンケートを実施してきた（2017年3月から2018年3月に断続的に実施。回答者計340人）。主な質問項目は授業改善のためのものであるが、後半に授業とは直接関係のない項目を加えた。表4-1 は、そのうちの「グローバル人材と聞いてどのようなイメージをもつか」という問いに対する回答結果（上位10位）である。

　自由記述のため回答が多岐に渡っていたが、カテゴリーとしてまとめると「言語能力に関すること」（順位 1, 4, 10）、「資質・能力に関すること」（順位 2, 3, 7, 9, 10）、「イメージ・貢献に関すること」（順位 4, 6, 8）、に分けられる。「言語能力に関すること」と言えば、第10位の「英語」を真っ先に連想するが、それ以外にも重要な認識としては、第一位の「マルチリンガルである」で

表 4-1　台湾高校生のグローバル人材イメージ

順位	項　　　目	人数
1	マルチリンガルである	49
2	異文化理解が進んでいる	41
3	広い視野を持っている	34
4	世界で活躍している	22
4	コミュニケーション能力がある	22
6	優秀・エリートである	18
7	専門性を身につけている	17
8	国際交流に貢献する	12
9	アイデア・創造力がある	11
10	英語を使いこなしている	10
10	包容力がある	10

ある。つまり、グローバル人材は、英語だけではなく、複数の言語も使い
こなせると考えていることである。また第4位の「コミュニケーション能
力がある」も外国語の運用能力が含まれると考えられる。

　ところで同じ質問を日本の高校生に実施した場合、同じような結果にな
るであろうか。高校生を対象とした木野の調査によると、グローバル人材
に必要な能力として「英語」や「コミュニケーション」が頻出語として
抽出されている（木野 2016）。日本では、グローバル人材と国際語として
の英語が強く結びついていることはだれもが否定しない点であろう（岡野
2014; 塚脇 2014; 市村 2018）。ところが台湾の場合、10位に「英語を使いこ
なしている」があるが、それだけでは不十分であり、さらにもう一つ以上
の外国語に精通していることがグローバル人材であると生徒が認識してい
る。

(2)　第二外国語の履修状況

　実は、なぜ「マルチリンガル」という回答が出てくるのかについて、
その原因の一端を探すことは困難ではない。教育部（2019b）によれば、
2017年には14種類の第二外国語が提供されているが、この点が関係する
と考えられる。図4-1 は、そのうち履修者の多い5つの言語の推移を示し

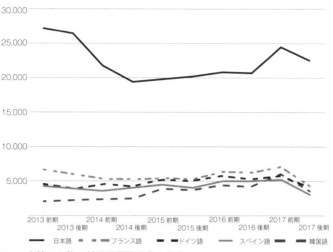

30.000

25.000

20.000

15.000

10.000

5.000

| 2013 前期 | 2014 前期 | 2015 前期 | 2016 前期 | 2017 前期 |
| 2013 後期 | 2014 後期 | 2015 後期 | 2016 後期 | 2017 後期 |

━━ 日本語　▓▓ ┅┅┅ フランス語　━ ━ ドイツ語　━━ スペイン語　▓▓ 韓国語

図4-1　高校での第二外国語履修者数の推移
出所：教育部（2019b）より筆者作成。

ている。台湾の学校は２学期制であり（学期ごとに単位修得可能）、また選
択履修科目のため、どの言語科目を何単位履修するかは生徒自身が決定で
きる。その点を踏まえて図4-1 をみると、まずは日本語履修者の圧倒的多
さが目に付く。他の４つの言語の履修者よりも常に４〜５倍多く、全体の
半数を超えている（2017年後期で57％）。周知のとおり台湾と日本とは明治
時代以来強いつながりがあるが、それ以上にアニメや漫画といった日本の
サブカルチャーに気軽にアクセスできる環境にあるため、現代の若者が日
本を身近に感じているからである（岡本 2017）。これだけの履修者がいれば、
「はじめに」で述べた筆者の素朴な感想、つまり日本通が多いことの間接
的な答えになるのではないだろうか。
　それ以外の言語も 5,000人規模で推移しており一定の存在感があると言
える。「フランス語」、「ドイツ語」、「スペイン語」といったヨーロッパ言
語に加えて「韓国語」の増加が目を引く。またこの図には掲載されていな
いが、それ以外の言語も少ないもので数十人、多いもので 1,000人程度で

毎学期推移している。具体的には、「ラテン語」、「ロシア語」、「イタリア語」、「ベトナム語」、「インドネシア語」、「タイ語」、「マレー語」、「ポルトガル語」、「フィリピン語」、「ビルマ語」と多彩であり、いささか大学の外国語学部をイメージさせる。もちろん各高校は、これらすべての第二外国語を開設しているわけではなく、生徒の希望に応じて開設する。当該言語を教える教員は非常勤講師で賄い、それに要する経費は教育部からの補助金を充てることになる。

3. 台湾政府の意図と限界

(1) 多文化化社会の到来とグローバル化戦略

　こうした高校での第二外国語科目の導入には、台湾教育部（政府）の意向があることは言うまでもない。それは1990年以降徐々に進行してきた台湾社会の多文化化と関係している（Hsia 2009）。ビジネス活動のグローバル化とともに台湾を訪問したり、一定期間居住する外国人の数は増加してきている。また、台湾は現在日本と同様な少子高齢化社会を迎え、その対策として移民の受け入れを積極的に進め、結果として中華民国（台湾）籍の取得者も増加してきている。現在、多文化化との関係で議論されているのは後者に関することである。

　図4-2 は、出身国別にみた中華民国（台湾）籍を取得した人数の2000年からの推移である。この折れ線グラフは出身国上位7か国の推移を示している。その顕著な傾向としてまず指摘できることは、第一位のベトナムが突出していて、ピーク時には1万人を超え、最近でも 2,000〜4,000人ほどのベトナム人が毎年国籍を取得していることがわかる。第2位のインドネシアはピーク時に3,000人ほどで現在は数百人ずつ取得している。その他の国は毎年数十人規模で推移しており、人口2,300万人に対してこれだけの人数は少ないとは言えないであろう。またこうした国は台湾に近い東南

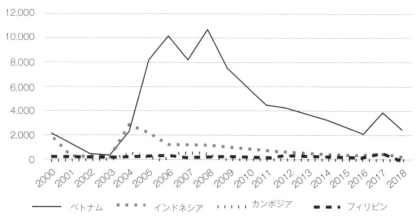

図4-2　出身国別中華民国（台湾）籍取得者数の推移
出所：中華民国統計資訊網（2019）より筆者作成。

アジア諸国であることが共通していて、性別で言えば女性が圧倒的であり、台湾人男性との結婚で国籍を取得するケースが大半のようである（中華民国統計資訊網 2019）。

　こうしたいわば国際結婚の結果、中国語を母語としない人々が台湾社会で増加することになり、そうした人たちにどのような言語上のサポートをして地域社会に取り込んでいくのかが重要な課題である（施など 2007）。もちろんその一方で地域社会側では、ベトナム語やインドネシア語に通じた人の数を増やすことも喫緊の課題となっている。

　こうした身近な多文化社会を背景に、2011年に台湾教育部は『中小学国際教育白皮書』を刊行して21世紀の目指すべき人材像を示した。そこで示された4つの柱は、1．ナショナル・アイデンティティ（原語「国家認同」）、2．国際的な素養（原語「国際素養」）、3．国際競争力（原語「全球競合力」）、4．地球規模の責任感（原語「全球責任感」）、をもつことである。

　台湾の場合、本論で検討している外国語に関しては、4つの柱のうちの2．「国際的な素養」の部分で、明確に英語に加えて第二外国語の重要性

を強調していることが特徴として指摘できる（教育部 2010）。そしてその導入時期も多文化社会が議論され始めた1990年代からであり、2000年頃から第二外国語（第一外国語の「英語」以外）が高校での選択履修科目として本格化した。それは、台湾教育部による「推動高級中学選修第二外語課程実験計画」(1996年)、「推動高級中学第二外語教育五年計画」(1999年)、「推動高級中学第二外語教育第二期五年計画」(2005年)、「推動高級中学第二外語教育第三期五年計画」(2010年)、に基づく具体策として導入・普及されたものであり、2017年後期には207校の高校で4万173人の生徒が第二外国語を履修している（教育部 2019b）。

　ここで重要なことは、この『白皮書』や政策文書の「計画」を読む限り一部の高校生を対象にしているのではなく、すべての高校生を対象にしていることである。つまり以前から100％近い進学率であった高校教育が2014年に無償となったが、外国語能力は台湾市民の「素養」であり、それは英語のみでは十分ではないと台湾政府が考えていることを示している。

(2)　多文化社会と多言語学習の限界

　おそらく、日本でも英語以外の第二外国語履修の重要性に賛同する人は多いと思われる（田中 2017; 藤原 2017; デーゲン 2018）。ところが、高校段階で学習すべき内容が多く、新たな言語を履修する時間的余裕がないため、高校教育段階で普及していくとは考えにくい（山路 2019）。もう一つの現実的な問題として大学入試の存在である。将来を左右する試験が目前に迫っているとすれば「余分」と考えられる学習はしたくないであろう。したがって台湾の高校生が受験勉強とどのように折り合いをつけるのかが注目される。

　現在台湾の大学進学へのルートは3種類あり、「学校推薦（原語「繁星推薦」）」、「個人申請」、「試験入学（原語「考試分発」）」である。これまでの伝統的な入学者選抜は、「試験入学」で日本の共通テストに相当する「指定科目試験」の成績のみによって選抜されるルートである。2018年度には

表4-2　第二外国語関連資料を提出できる「個人申請」の募集単位数

個人申請	全体	文系	理系
全体	1,793	929	864
第二外語	99	63	36
割合	5.5％	6.8％	4.2％

出所: 大学招生委員会聯合会他（2013）より筆者作成。

このルートから約37.4％の受験生が進学している（教育部 2019a）。

　近年の改革では、筆記試験の結果のみで合否判断することへの批判から、日本と同様な「学校推薦」と日本の AO入試に相当する「個人申請」の割合が高まってきた。これら両者は、先の「指定科目試験」とは別の共通試験である「大学学科能力試験」の結果に加えて、大学側が募集単位ごとに、様々な条件（高校での一定水準以上の成績や資格、あるいはコンクールなどでの入賞歴など）を示し、それらを満たす受験生が申請して総合的に合否判断がなされることになる。

　これら３つのルートのうち第二外国語科目が関係するのは、そのうちの約43％が進学する「個人申請」ルートにおいてである（教育部 2019a）。日本の AO入試と同様、条件を満たす受験生はだれでも申請できるが、その際の選抜方法は、高校の成績証明書に加えて各種の資料である。表4-2 は、この「個人申請」で第二外国語の資格試験結果の提出が可能となっている大学の募集単位の数を示したものである。

　これは 2014年度のものであるが、当該年の「個人申請」での募集単位は全部で 1,793 あり、そのうち第二外国語の資格試験結果の提出が可能であるのは 99募集単位である。割合にして 5.5％であり、決して多いとは言えない数字である。また文系と理系を比べると、やや文系のほうが多いこともわかるが、それほど大きな違いがあるとは言えない。今や入学ルートの「主流」になりつつある「個人申請」の一定の募集単位で第二外国語科目の成績や証明書を要求すれば、それだけ高校生が履修する可能性は十分

にある（教育部 2020）。ただし現状がこうした低い割合にとどまっているのは、政府の意図に反して少なくとも入学者選抜の段階では大学側が第二外国語能力をそれほど求めていないからであろう。その証拠に、履修証明や検定試験合格書の提出によって合否判断がなされることになるが、一部具体的な点数を示している募集単位を除いて、多くは参考資料という扱いで具体的な評価方法は示されていない。また多くの募集単位は必須要件にはしていない。したがって第二外国語科目の履修は大学入試に有利とまでは言えないのが実態である。

　この点を別の数字から検討することにする。台湾の高校は2017年時点で511校あるが、そのうち第二外国語を開設しているのが207校で全体の約40%にものぼる。ただ実際に履修している生徒数でみると、高校生総数74万5,464人のうちの5％に過ぎないことがわかる（統計所 2019）。このデータは2017年後期のものであるため、高校3年間のうち1科目でも第二外国語を履修した生徒の割合となるともう少し上昇する可能性はあるが、それでも5％という数字は小さく、第二外国語が高校生に普及していると言えない。

　ではこの一部の生徒は具体的にどのような生徒であろうか。残念ながら履修者個人に関する情報は得られない。ただし先の統計では、高校ごとの履修者数に関するデータは得られる。それで確認すると概して大学への進学実績の高い高校ほど履修者の数が多い傾向にあることがわかる（統計所2019）。誤解を恐れずに言えば、学力の高い層の生徒で「余裕のある」者が、さらに大学進学を少しでも有利にしようとして履修しているのではないかという推測である。少なくとも台湾市民の「素養」としての第二外国語を期待する台湾政府の意図はまだ「普及」していないということであろう。

4．おわりに

　以上本論で、多文化共生を目指す台湾市民像と関連して重要な位置づけ
にある、中等教育段階での外国語の多様化政策の意図と実態の特質につい
て明らかにした。本論で明らかとなったのは、以下の3点である。

　第一に、中等教育段階で第二外国語科目を導入する背景には、台湾社会
の多文化化が進んでいることを意味する。多文化社会の到来を意識した教
育はどの国でも行われ、国際理解教育に相当する時間が多くの国で設けら
れている。ただしこうした時間は多様な学びや経験ができる反面、体系性
に乏しくならざるを得ない。その点、台湾では外国語学習の重要性が指摘
されている。外国語学習は1回限りの「楽しい」活動を経験させることで
はすまない、単調で忍耐力を要する活動（学習）である。その中等教育段
階での導入は、文化理解の中核には言語理解があることを台湾政府が意識
していることを示している（教育部2011）。

　第二に、しかしながらその意図とは別に、履修状況などを検討すると、
それほど第二外国語履修が普及しているとは言えない状況である。確かに
台湾社会の状況を反映してベトナム語やインドネシア語などの言語も教え
られていることがその特徴として指摘できるが、実態は日本語に極端に偏っ
ている（教育部2010）。やはり外国語の学習は生徒に多大な労力を要求す
るということでそれほど簡単なことではないことがわかるのである。

　第三に、そもそもグローバル化対応には、大きくグローバル・リーダー
とグローバル市民に分けられ、前者が一部のエリート集団、後者が大衆の
ように考えがちであるが（藤﨑2010）、台湾政府は、両者を区別していない。
グローバル化対応は台湾市民全体への課題であり、中等教育段階での第二
外国語科目の導入は少なくとも一部のエリート集団のみを対象とした施策
ではないということを示しているのである。その意図は十分尊重に値する
が、その実現はまだ先のようである。

【参考文献】

市村光之（2018）「海外で活躍する「グローバル人材」に求められる要件の構造（海外駐在研究者へのインタビュー調査から）」『グローバル人材育成教育研究』第5巻第2号、pp. 1-12。

岡野恵（2014）「グローバル人材育成に求められる英語教育と大学入試問題」『大正大学研究紀要』第99輯、pp. 399-416。

岡本輝彦（2017）「台湾の後期中等教育日本語専門課程における日本語教育について」『別府大学日本語教育研究』7、pp. 13-23。

小川佳万（編）（2019）『台湾での授業実践を伴ったアジア型グローバル教育の授業開発研究』（科研成果報告書）。

北村友人（2016）「多様なアジアにおけるグローバル市民の育成─教育の「公共性」と「国際化」」佐藤学など（編）『グローバル時代の市民形成』岩波書店、pp. 99-120。

木野泰伸（2016）「高校生が考えるグローバル人材に必要な能力とその構造」『横幹』第10巻第2号、pp. 116-123。

施昭雄・陳俊良・許詩屏・桂田愛（2007）「中国大陸及び東南アジアの外国籍配偶者移民の背景から考察する「新台湾之子」の教育問題とその対策」『福岡大学研究部論集A』6（6）、pp. 121-138。

田中一嘉（2017）「初級第2級外国語学習の意義と効用─大学専門外外国語におけるドイツ語学習を例に─」『群馬大学教育部紀要 人文・社会科学編』第66巻、pp. 101-110。

塚脇真由（2014）「グローバル化と日本の英語教育─コミュニケーション志向の観点から─」『京都女子大学大学院文学研究科研究紀要』第13巻、pp.29-56。

デーゲン，ラルフ（2018）「学生は必修科目としての第二外国語についてどのように考えているか」『言語文化』第54巻、pp.33-56。

藤﨑隆博（2010）「シティズンシップ教育の知見を活かした国際理解教育─積極的な社会参画に着目して─」『地球政策科学研究』第7巻、pp.179-196。

藤原愛（2017）「外国語教育の展望─英語からその他の外国語学習へ─」『明星大学研究紀要 人文学部』第53巻、pp.95-106。

山路順子（2019）「グローバル人材育成のための英語教育の問題点と複言語主義的外国語教育の必要性についての一考察─持続可能な多言語社会構築に向けて─」『近畿大学教育論叢』第30巻第2号、pp. 57-84。

教育部（2010）「推動高級中学第二外語教育第3期5年計画」（政策文書）。

教育部（2011）『中小学国際教育白皮書 扎根培育21世紀国際化人材』。

教育部（2019a）『中華民国 108 年版 教育統計』、全 252 頁。

教育部（2019b）「高級中等学校第二外語教育推動計画」。

　＜http://www.2ndflcenter.tw/web/class/class.jsp＞

教育部（2020）「108 學年度一般大學日間學士班招生名額分配表」。

　＜ https://depart.moe.edu.tw/ED2200/News_Content.aspx?n=5E9ABCBC24 AC1122&s=898FCB4 A2C02F656＞

大学招生委員会聯合会・大学甄選入学委員会（編）（2013）『103 学年度大学「個 人申請」入学招生簡章』全761頁。

中華民国統計資訊網（2019）「人口遷移統計」。

　＜https://www1.stat.gov.tw/ct.asp?xItem=15410&CtNode=4694&mp=3＞

統計所（2019）「主要統計表―歴年」。

　＜ https://depart.moe.edu.tw/ED4500/cp.aspx?n=1B58E0B736635285&s=D04 C74553DB60CAD＞

Hsia, Hsiao-Chuan（2009）Foreign Brides, Multiple Citizenship and the Immigrant Movement in Taiwan. *Asian and Pacific Migration Journal*, 18（1）, 17-46.

第5章

多文化社会におけるコンセンサス形成のプロセスの意義

田中潤一

1. はじめに

　現在、多くの国や地域において様々な文化や価値を有する人々が共存している。それぞれの土地の伝統的な文化的価値のみならず、多様な文化的価値を有する人が共存し合う社会を作っていかなければならない。しかしながらこのような「多文化社会」は簡単に構築できるものではない。それぞれの文化的価値はしばしば対立し、場合によっては闘争的関係を生み出すことすらありうる。それではどのようにすれば我々は多文化社会を構築することができるのであろうか、また多文化社会とはどのような社会であるべきであろうか。本稿では「討論」という観点から多文化社会の理論的枠組みについて考察する。多様な文化的価値を統合する原理として、唯一「討論」という価値のみが有効性を持つとし、論を進める。

２．異文化理解の困難さ

　さて学校現場において国際理解の重要性を標榜しながらも、しばしば現実の相互理解には困難なことが起こる。なぜこのような相互理解が難しい事態が生じるのであろうか。一つの理由としては、人間には「自己愛」があることが考えられる。人間だれしも自分の存在や生命を大切に思うが、それだけでなく、自分の所属する文化や価値観にも愛着を持つ。単に愛着を持つという次元なら問題が生じることはないのかもしれないが、他の価値観を有する人と出会ったときに価値観の衝突がしばしば生じる。

　それではそのような価値観の衝突を避けるにはどのような方途が考えられるであろうか。その方途は、二つあると考えられる。一つは「自己愛」を拡張させて、「人類愛」にまで拡張する方途である。もう一つは「自己愛」は自己愛として認めながらも、自己愛を制約する形式的枠組みを作り、その枠内で自己愛を認めるという方途である。第一の方途については、これまで多くの論者がその可能性を論じてきており、また日本の国際理解教育に関する考え方もこの方向性の線上にあると筆者は考える。

　異文化理解を考える時、自己愛から出発して、他者愛、共同体への愛、そして人類愛へという直線的な方向性を考えた論者は古来多い。例えばルソー（Jean-Jacques Rousseau, 1712-1778）などもこの論者の一人と考えることができる。ルソーは『エミール』において理想的な教育論を述べているが、まず幼児・児童は自己愛のなかで生きているとする。それゆえ幼児・児童の興味・関心を重んじる教育を行わなければならないとされる。しかし年齢が上がるにつれて、他者との協調性や社会性を培っていかなければならない。そこで教師は次第に次のように子どもを導いていく必要がある。すなわち、子どもは自己を愛することから、自己を守ってくれる人への愛を育み、そして他者を愛し、人類愛へと進むようにする（ルソー 1963, pp. 9-12）。

　さてこのようなルソーの「他者理解論」、「人類愛への道程」論は、一見説得力があるように見える。しかし筆者はその限界も指摘しておきたい。この限界の指摘は、現在の日本の国際理解教育の課題とも関わると思われるからである。ルソーは以上のような「人類愛」涵養は20歳ぐらいまでに終了し、その後「旅行」に出かけるべきと述べている（ルソー 1964, pp. 211-221）。なぜなら人は「旅行」によって、自分とは違う生活習慣や言語、政治体制を知ることになり、若者のなかに多様性・柔軟性が育まれることになるからである。現在でいうところの異文化体験を重視している点でルソーの先進性は評価できるが、しかしこのような考えは現在の我々から見れば少し時代遅れであることは否めない。その理由を二つ挙げたい。

　一つ目は、「異文化体験」の時期と場所である。ルソーの時代は、自分の国の外で異文化を体験することが一般的であった。そしてまた一定の年齢に達した若者が教育の一環として異文化体験をするとされていた。しかし現在の日本社会では、国内で、そして地域のコミュニティのなかで異文化の価値を有する人々が多く生活している。そして人は幼児の頃から、学校や地域社会で、異文化と触れ合う生活を送っている。この点においてルソーの時代と大きく事情が異なっている。異文化体験は決して国外に出て体験するものではなく、身近な体験なのである。もう一つは、その「直線的に人類愛へ向かう思考」の限界である。ルソーの言う異文化理解論は、異文化の存在をあくまでも自己成長の一つのきっかけとしてしか捉えていない。そのように考えると「直線的に人類愛へ向かう思考」が不十分であることがわかる。異文化理解は成人した後に身につけるようになる到達目標ではない。我々は幼児・児童期から異文化への対応や見識を有していなければならないと言えよう。すでに幼児・児童期から人は異文化に対する一定の態度を身につけておかなければならない。そこで次節では「自己愛を制約する形式的枠組み」を設ける方法について論じる。――論旨を予描すると、「討議倫理」という民主主義的なプロセスが、多文化社会における様々な人々の相互理解につながる――。

3．多文化社会は可能か？

　多くの価値観を有する人がお互いに理解し合い、相互に尊重し合うこと
を目標とするならば、「多文化社会」こそが理想であると言えよう。それ
では「多文化社会」の定義は、どのように行われるべきであろうか。さし
あたっては、「それぞれの文化的価値を有する人がお互いに対等な立場で
構成される社会」と簡単に定義しておこう。この定義は一見至当に見えるが、
難点も含んでいる。というのも、どのような状態をもって、「対等な立場
で社会を構成する」ということが意図されているかが不明であるからだ。
それぞれの文化的価値を有する人がそれぞれの立場を保持しながら社会を
構成することは、一見問題が無いように思われる。しかしながらそのよう
な社会が具体的にどのような社会であるかを、考えなければならない。も
しそれぞれの文化的価値を持ったグループがグループごとにばらばらに存
在し、コミュニティのなかに散在しているとするならば、理想的な社会と
は言えないであろう。なぜならそれぞれの文化的価値を持ったグループが
真にお互いを理解し合えているとは言えないからである。真に相互理解し
ているのであれば、グループごとに異なる住居やコミュニティを作る必要
はないはずであろう。そこではさまざまな文化的価値を「統合」する観点
が必要になる。

　「統合」的な視点がなければ、多くの文化的価値がそれぞればらばらになり、
社会がまとまらなくなってしまう可能性がある。それでは何をもって「統合」
の視座とすれば良いであろうか。例えばここで特定の文化的な価値を「統
合」の原理とする考えもあるが、そのような考えは許容されえない。例え
ばある国における伝統的な文化的価値を統合原理とするならば、その文化
的価値に馴染めない文化的グループは、常にマイノリティとならざるを得
ない。それではどのような原理を統合原理とすべきであろうか。次のよう
な考えは、有力な考えとなる。それは、憲法のような法的規則を統合原理

とする考えである。法的規則は恣意的ではなく、合理的に思考された結果制定されたものであり、統合原理たりうる。しかし法的規則をどのように作るかが次に問題となる。筆者は法的規則を規定する有力なプロセスとして、「討議」というプロセスについて論じたい。

4．多文化社会における普遍的価値

　さて多文化社会における統合原理として法的規則のみならず、法的規則の形成過程である「討議」を挙げたい。討議とは、言うまでもなくディスカッションのことであるが、ディスカッションにも一定のルールがなければならない。そこでディスカッションに一定のルールを設ける「討議倫理」が求められることになるのだが、ドイツの哲学者・ハーバーマス（Jürgen Habermas, 1929-）は「討議倫理」について深く論じている。

　まずハーバーマスは次のように言う。「それぞれ妥当な規範は、その規範にすべての人が従ったとき、それぞれ個々人の利害関心を充足させるために起こると予想される結果やその随伴的影響を、当事者たち全員がスムーズに受け入れることができるような諸条件を満たさなければならない」（ハーバーマス 2005, p.28）。ハーバーマスによると、一定の規範（ルール）に全構成員が従うことはもちろんであるが、それだけでは不十分である。その規範（ルール）が適用されることによって生じる結果についても、全構成員が受け入れなければならない。このような規範を求めるのは、非常にハードルが高いようにも思われる。しかし単に機械的にルールを作って、それを運用し、違反するものを罰するというような冷たい議論をハーバーマスはしているのではない。逆にルール制定の結果、予想不可能な結果で被害をうける人々を保護しようとするのがハーバーマスの立場である。さらにハーバーマスは、価値相対主義に同調する立場を採らない。なぜなら価値相対主義のように様々な価値の無条件的な併存を認めてしまうと、社会を統合することが不可能になるからである。「価値懐疑主義に反対す

る立場に立つこと」（ハーバーマス 2005, p.27）が重要とされる。例えば日本においてルールを制定しようとすることを考えてみよう。当然ながら日本という国家や社会において生活する者すべてが納得するルールを作らなければならない。しかし場合によれば、日本社会における多数派の利益を保持するようなルール、あるいは日本の伝統的な文化的価値にのみ立脚したルールを制定しようと試みることも生じうる。「我々の文化的価値は伝統的に継承されたものであり、他の文化から批判される所以はない」、「文化とはそもそも個々ばらばらであり、決して理解し合えない」という主張が行われることもある。しかしながらこのような立場を認めてしまうと、多数派の支配グループの価値が優位を持つことになり、多数派の価値観にのみ沿った規範やルールが作られることになってしまう。全構成員、つまりあらゆる文化的価値を有する者が承認しうるようなルールを制定しなければならない。そのためにルールや規範は、特定の慣習や文化に捉われない、「脱慣習的」な規範でなければならないとされる。

5．討論という形式的プロセス

そこでハーバーマスは規範制定において全構成員が受け入れられる価値は、「手続き主義的合理性の概念」（ハーバーマス 2005, p.27）のみであると考える。つまり特定の文化的価値に依拠せず、合理的に思考された価値のみが規範となりうるのである。それではそのような合理的な価値とはどのような価値であろうか。ハーバーマスはそれをまた「討議倫理」と定める。「それぞれ妥当な規範とは、すべての当事者がある一つの実践的討議にのみ関わっている場合には、その当事者のすべてが同意できるものでなければならないはずのものだ」（ハーバーマス 2005, p.28）。

「討議する」、そして「討議の結果に対して従う」ということのみが唯一の普遍的価値であるとされる。討議が特定の文化的価値でないのは言うまでもない。あるいは討議とは価値というよりむしろ「プロセス（手続き）」

に過ぎないと考える者もいるかもしれない。しかしハーバーマスはこのような討議というプロセスのみが唯一の普遍的価値であると考える。例えば社会におけるルールを制定するとき、特定の個人の利益になるように恣意的に制定されてはならないことはいうまでもない。しかしながら「利益」にならなくても、因習的な理由から特定の文化的習慣が社会的ルールとなることもある。このような場合、合理的な理由ではなく、因習的な理由からルールが制定されているので、多数派の意見が反映されることが多い。このような場合でもハーバーマスは「討議」することのみを唯一の価値として取り上げる。討議においては「理想的なコミュニケーション共同体」（ハーバーマス 2005, p.78）が実現されねばならない。すべての参加者が対等な立場でコミュニケーションを行い、さらに自己の立場を批判的に吟味し、だれもが納得できる結論を創り出すことが求められる。さてそれではこの討議というプロセスにはどのような要素が必要であろうか。筆者はハーバーマスの思想から重要な点を3点取り上げたい。

　まずは「普遍主義」（「脱慣習化」）という点が挙げられる。ハーバーマスは次のように述べる。「道徳的判断は、もはやローカルな取り決めや、特殊な生活形態のもつ歴史的色合いから解き放たれる。つまり、道徳的判断は、もはや生活世界的コンテクストの通用性には依存しないということである」（ハーバーマス 2005, p. 37）。社会の規範とは、地域ごとの慣習や取り決めに無条件に従って作られるべきではない。もし地域ごとの慣習をそのまま道徳や規範としてしまうならば、それぞれの地域ごとに異なる規範を有する人どうしが対立することになる。そしてその結果、それぞれの文化的価値を有する人の間での対話が成り立たなくなってしまう。それゆえ、規範や道徳は日常世界から離れたところで考察されなければならない。それゆえ「討議」においては、ローカルな価値観は一旦捨てて議論を進めなければならない。「討議は、要望するところの多い具体的生活世界を超えたコミュニケーション形態」（ハーバーマス 2005, p.14）であるとされる。

　二つ目は「認知的」であるという点が挙げられる。討議をするとしても、

それは単なるおしゃべりに終わったり、また逆に特定の価値を守るだけの
プロセスに終わったりしてはならない。討議を効果的なものにならしめる
ためには、その討議を一段階上から眺める視点がなければならない。その
視点が「認知的」な視点である。具体的な行為が正しいかどうかを議論す
るだけでなく、それらの具体的な諸行為の正当性・妥当性を問う視点が求
められる（ハーバーマス 2005, pp. 140-147参照）。

　三つ目として「配慮的視点」を取り上げる。討議は唯一普遍的なルール
となる可能性を有するがしかし、討議には一つ大きな陥穽がある。それは、
議論に得意な者、あるいは議論に得意な文化的グループが常に優位に立つ
のではないか、という疑念である。また社会的に支配層にあるグループが、
議論をリードするということもありうる。その結果、社会的な弱者や少数
派が、討議において弱い立場に置かれることがしばしば生じる。とりわけ
多文化社会におけるコンセンサス形成において、社会的に支配的なマジョ
リティグループが討論を支配し、自分たちの文化的価値に有利な規範を
作ることは大いにありうる。しかしながらハーバーマスはそのような事態
を予測し、討議に附則事項を設けている。「社会化の途上においてのみ個
体化される人間は、傷つきやすく、道徳的に保護を必要とする生き物であ
る」（ハーバーマス 2005, p.10）。「……深刻な傷つきやすさは、相互保全の
保証を必要とする」（ハーバーマス 2005, p.11）。人間は傷つきやすく、とり
わけ社会的な弱者は傷つきやすい。討議において、マイノリティグループ
の「傷つきやすさ」に配慮し、すべての文化グループが討議に参加できる
よう努めなければならない。そうして初めて、すべての構成員が「平等」
に討議に参加できるようになる。平等とは、単に立場が対等であるという
ことを意味するのではない。お互いに傷つきやすさに配慮しあうことが重
要なのである。したがってハーバーマスの言う討議とは単なる形式的議論
に終始するのではなく、いわば「ウエット」な視点を含んでいると考えら
れる。さらにハーバーマスは次のように述べている。「ある規範が『根拠
づけられている』と言えるのは、すべての人が尊敬（心づかい）の念を表

明しあい、その尊敬の念を交しあうことによって生まれる実践へと踏み切ること、そしてまた各人が自分自身の観点からそのような事態への関心をもつこと、以上のような場合だけに限られる」（ハーバーマス 2005, pp.173-174）。つまりコンセンサス形成には、構成員どうしの「尊敬」が必要である。

6．討議共同体の弱点

　さて以上のようなハーバーマスの討議倫理は民主主義の基礎であるのみならず、多文化社会におけるコンセンサス形成にとって有効な手段であるように思われる。しかし筆者は必ずしもハーバーマスの討議倫理が、価値多様化した社会における「切り札」になるとは単純に考えていない。筆者は討議倫理の有効性を認めながらも、あえて次のような問いを二つ立てたい。一つ目は「討議倫理によってコンセンサスが形成されないこともありうるのではないか」という問いであり、もう一つは「そのような討議倫理を可能ならしめる法的規則の制定形態はいかなるものか」という問いである。まず一つ目の問いについて考えたい。確かにハーバーマスは綿密に討論の際のルールを規定している。その際ハーバーマスが慎重に考慮しているのは、それぞれの文化グループが「尊敬」されるべきという点である。そのような態度があって初めて、すべての構成員が平等に討議に参加できるようになることは確かであるが、問題もある。ハーバーマスは「普遍化」や「認知的」など形式的なルール作りを強調し、極力実質的な要素を取り除こうとしている。しかしながら「尊敬」は一人ひとりの心情的要素であり、形式的なルールの必要条件にするのは困難が伴う。他の文化に対して尊敬を有さないものが議論の主導権を有するとき、議論の結果は特定の文化的価値に有利なものとなってしまう。また心情的要素は個人の内面の問題であり、形式的ルールとするのはやはり難しい。討議倫理にはマジョリティが議論の主導権を有することになるという困難が常に伴うことになるが、尊敬のような心情的要素をその「砦」として用いるのはいささか論拠が弱い

と思われる。それでは討議倫理がうまく機能するには別のインフラストラクチャーが必要である。筆者は次の問い「そのような討議倫理を可能ならしめる法的規則の制定形態はいかなるものか」へと進みたい。

7．多文化社会の「基軸」は必要か？

　2010年ドイツ連邦共和国首相アンゲラ・メルケルは、「ドイツの多文化主義は完全に失敗した」と発言し、世論から批判を浴びた。もちろんメルケルの発言の意図は移民排斥にあるのではなく、現状を批判的に検討し、理想的な社会を構築することにあった。メルケルはドイツ社会と移民の双方に対して批判的な見方をした上で、新たな呼びかけを行っている。ドイツ社会において民族別のコミュニティが併存し、相互に理解しあえると信じられたが、その理想が破綻した。ドイツ社会も移民を拒否し、移民もドイツ社会に入り込む努力を十分にしていないという現状を批判的に再考する必要があるとされる。さてそれでは移民がドイツ社会に溶け込むにはどのような努力が必要なのであろうか。メルケルはそれは「ドイツ語を話すということである」と述べている。共通言語であるドイツ語を話すことによって、移民もドイツ社会の構成員として参画することができるようになる（ニューズウィーク日本版、2010年10月28日参照）。このような考えの基盤には、多文化社会とは多様な文化的価値を有する者が併存することで即成立するのではなく、社会を成立させるよう「統合」する「基軸」が求められなければならないという考えが存する。その基軸として「ドイツ語」が必要とされたのである。

　しかしながらこのような考えに対しては批判的な見解も存するであろう。それは、なぜドイツ語のみが共通語とされなければならないのか、という批判である。ドイツ社会に住んでいるすべての者の言語が共通語として認められるべきではないかという考えも一方で成り立つ。この考えに従えば、トルコ語も共通語として認められねばならないということになる。だがす

べての言語を共通語として認めることは現実には困難が伴う。すべての行政組織や教育機関においてあらゆる言語で行政サービスや学校教育を行う可能性は現実的に低い。現実には基軸として設定された言語で社会を運用せざるをえない。その上で他の言語グループが不利益を被らないよう最大限の努力をしなければならない。さらに多様な文化的価値が相互に認め合うための共通の基軸を、「言語」のみに限定して良いものであろうかという疑問を提する者もいるかもしれない。というのも、現実に共同体を構築する際に特定の文化的価値が基軸となるからである。特定の文化的価値を社会の共通項として設定することに対しては批判があろう。しかしながら、我々民主主義社会に生きる者は「自由」「平等」「基本的人権」という価値を基に生活を営んでいる。「自由」「平等」「基本的人権」という価値は、歴史的には西洋の市民革命において生じた価値であり、「特定の文化的価値」とみなす者もいるかもしれない。しかし今日の近代化された社会に生きる我々にとって、これらの価値を否定するわけにはいかない。さて本論文では「討議」が多文化社会の統合原理であると論じてきた。しかし「討議」という形式的プロセスですら、西洋的な価値から生じたものにすぎないと考える者もいるかもしれない。しかしもし「討議」すらも認めないとなると、全くこの多文化社会を「統合」する基軸が存しなくなってしまうことになる。その結果「価値相対主義」の社会を認めることになりかねない。多文化社会を成り立たせる基軸として、討議という西洋的価値を認めざるを得ない。

8．多文化社会と法的規則の制定形態

　さてもし価値相対主義の立場に立ち、どんな価値でも認容するという考えに至れば、社会の統合が崩壊してしまう。また逆に普遍的な価値を重んずる立場に立てば、その価値に合致しない者は常に非主流派となり、社会からマイノリティとして扱われることになる。本論文では多文化社会にお

けるコンセンサス形成を討議倫理の立場から基礎づけ、法的規則を構築すべきとしてきた。その意味ではこれまでの本論の論旨は「普遍主義」に近い。しかし筆者はハーバーマスの考えが最善とは考えない。なぜならハーバーマスは自らの考えである討議倫理を完全に「形式的プロセス」であると自負しているが、筆者は討議倫理もまた「特定の文化的価値」に他ならないと考えるからである。筆者は次のように考える。すなわち、討議というプロセスは西洋の民主主義の歴史から生まれた一つの価値であるが、現在の世界においてこのプロセスに勝る法的規則形成プロセスは存在しない、と。個々の文化的価値の主義主張とは別に、それらの主義主張を統御する次元が求められる。それが憲法や法律などの法的規則であり、近代社会における構成員が遵守すべきは唯一法的規則である。しかしこの法的規則は永遠に存続するものではなく、時には変更を求められる。なぜなら法的規則はその時代時代で作成されたものにすぎず、いったん作成されたとしても時代の変化に対応できない可能性がある。カント（Immanuel Kant, 1724-1804）は次のように述べている。「憲法とは、群衆に過ぎない人々の集まりから一つの国民を作り出す普遍的な意志の働きのことである」（カント2006, p.170）。たとえ法的規則が成立したとしても、その法的規則のもとで社会が成立しないようになれば、新たな法的規則の制定が求められる。本論文では討議倫理について論じ、新たなルールは討議によって制定していくべきと論じた。しかし将来、討議倫理というプロセス自体が、場合によるとうまく機能しなくなることも生じるかもしれない。討議が機能不全となった時、我々はさらに異なるプロセスを模索していかなければならないことになる。つまり討議倫理というプロセス自体も、絶えず吟味されねばならない。それゆえ「機械的な普遍主義」ではなく、時代や地域に応じて普遍的な価値を創造していくべきと考える、「漸進的な普遍主義」のほうが社会構築にとって健全である。

　この「漸進的な普遍主義」のほうが、あらゆる立場を謙虚に反省することができ、さらにはより良い社会を構築することが可能になる。この事態

をドイツの哲学者ディルタイ（Wilhelm Dilthey, 1833-1911）はすでに20世紀前半に次のように述べている。「それぞれの文化体系は、共同性にもとづいて、一つの連関を形成している」（Dilthey 1926, S.188）。「歴史の経過は、生活の状態から最高の理念に至るまで一つの精神的統一体が形成され、その頂点に達し、やがて再び消滅していくといった諸期間に区切られうる」（Dilthey 1926, S.185）

　討議倫理は場合によれば不十分なプロセスかもしれない。しかし現状においてこれ以上の良いプロセスは現在見当たらない。討議というプロセスをうまく機能させ、すべての人々が納得できる社会的ルールを構築することが、民主主義社会を成り立たせる。このように法的規則の制定過程を絶えず模索することが、多文化社会の構築につながる。

【引用文献】

Dilthey, Gesammelte Schriften 7, Göttingen（1926）（邦訳は、『ディルタイ全集』第4巻、法政大学出版局、2010年参照）

カント（2006）『永遠平和のために／啓蒙とは何か』中山元訳、光文社。

ハーバーマス（2005）『討議倫理』法政大学出版局。

ルソー（1963）『エミール（中）』今野一雄訳、岩波文庫。

ルソー（1964）『エミール（下）』今野一雄訳、岩波文庫。

ウェブサイト

ニューズウィーク、https://www.newsweekjapan.jp/stories/world/2010/10/post-1754.php　2019年8月16日確認。

第 6 章

アラスカの多文化理解教育の施策と学校・地域における共生社会実現のための教育

玉井康之・川前あゆみ

1. 先住民族が多いアラスカの地域の特性と本稿の課題

⑴ 先住民族が多いアラスカの地域を取り上げる意義と多文化理解教育

　本稿の課題は、早くから多文化理解教育を推進するアラスカを取り上げ、学校と地域の多文化理解教育の具体的な実践施策を捉え、それによって共生社会実現のための教訓を明らかにすることである。2007年の「先住民族の権利に関する国際連合宣言」は先住民族を含めた多文化理解教育の目指すべき規範規定となっている。さらにそれらが地域で具体的に推進されるためには、学校と地域の両方で共生社会を目指す多文化理解教育の実践的施策が不可欠である。アメリカの学校教育は多文化理解教育を全米で推進しているが、とりわけアラスカでは、様々な歴史的な条件が揃った上

で、早くから先住民族理解の施策を進めており、それらの結果としてアラスカの先住民族理解教育と共生社会化に向けた意識は高い。アラスカの先住民族理解教育が進んだ背景としては、1）アラスカは先住民族の割合が圧倒的に多いこと（1980年時点で4人に1人）、2）北極圏の過酷な自然環境のなかで開拓者も先住民族の生活様式と文化を取り入れる必要があったこと、などがある。これらの歴史的環境に加えて、3）アラスカスタンダードなどの先住民族理解教育を行政が推進し学校や地域もそれを取り入れたこと、4）教師教育においても多文化理解教育を取り入れ、多文化理解を担う教師の資質向上を積極的に進めたことによる。

　アラスカ州人口は約73万人（2018年）で、その内約9万9千人が先住民族（アサバスカン、アリュート、トリンギット、イヌピアック、ユーピックの5つの民族）である。へき地校は幹線道路から離れた26学校区に187校があり、このへき地の地域はほぼ先住民族で構成されている。

　このアラスカのへき地地域での先住民族理解教育を推進する上で、学校の役割は大きい。へき地校では、学校が先住民族文化と伝統を尊重するとともに、先住民族も白人文化を理解し、白人と融和する多文化理解教育を相互に進めている。このアラスカでの多文化理解教育は、相対的に先住民族や伝統文化の排除の歴史ではなく、相互に融和を進め、伝統文化の慣習を科学的な内容として位置づけることで多文化理解教育を展開する実践を行った。また多文化理解教育を進める上で教職員の資質向上も重要であるが、先住民族の文化に不慣れな白人の教職員がアラスカで勤務するための資質向上策も推進している。これらの多文化教育の理念や実践は学ぶべき教訓を示している。

(2)　連邦政府による全米教育改革と地域教育改革の両論と相克を捉える論点

　一般的にアメリカではデューイ（1957）やカウンツ（1981）などの先行研究でも見られるように、学校運営協議会制度など、地域と学校の連携は

歴史的に進んできた。また激しい教育格差に関して、2002年の「どの子も見捨てない教育」NCLB法（No Child Left Behind Act）が制定され、全米統一的なスタンダードと統一的内容が進められた。これら連邦政府による全米の推進政策の通史的研究もジェニングズ（2018）によって進められた。日本では北野（2017）が連邦政府による全米の教育改革政策を総括する研究を進めている。一方、グルーンウォルド（David A. Gruenewald）（2007）らによれば、アメリカの教育改革は「地域を基盤にした教育」（Place based Education）でなければ教育改革も進まないという指摘もある。この点はアメリカの統治政策と教育改革をめぐる相克であり、先住民族理解の教育改革の大きな論点である。

　これらの連邦政府の教育改革と政策評価の論点を念頭におきつつも、さらに、州内および地域の先住民族を含めた学校改革の観点と、多文化理解教育の実践を地域において具体的な施策として捉える必要がある。とりわけ先住民族の多文化理解に関しては、南部48州とアラスカでは先住民族教育政策の基盤が異なるために、学校教育での先住民族に関する多文化理解教育の取り上げ方も大きく異なる。アラスカでは長い期間をかけてアラスカ先住民族独自の文化を学校教育内容に取り入れるなど、先住民族の価値観を尊重しながら学校と地域の共生社会化が進められており、先住民族文化を尊重した"Place based Education"が実践的に展開した典型的な地域である。

　本稿ではアラスカの学校と地域を基盤にした多文化理解教育の施策を取り上げ、その教訓を抽出する。そのため第一に、前提としてのアラスカの先住民族理解の歴史的な基礎条件を捉えておく。第二に、アラスカガイドラインとアラスカスタンダードの導入と義務化を通じた多文化理解教育のあり方を取り上げる。第三に、多文化理解教育を進める学校教育内容の改革および先住民族文化の科学的な意義づけと教材化の方策を取り上げる。第四に、多文化理解教育を進める教師の資質と対応が求められるために、アラスカでの教職資格と大学の教員養成教育を取り上げる。

2．アラスカのへき地の歴史的特徴と多文化理解教育の展開条件

(1)　アラスカの先住民族の歴史的位置づけと多文化理解教育の基礎条件

　アラスカは元々ロシア領であったが、1867年にアメリカが買収し、先住民族をアメリカ国籍に移籍した。アメリカ移籍後の教育は、連邦政府のアラスカ教育局が担い、1912年までにほぼすべてのへき地の先住民族の地域に小中学校を設置した。この時期の連邦政府の政策では、先住民族の言語を禁止し、英語を普及してアメリカへの同化を目指した。これらのへき地校では、白人の教員に対する先住民族の抵抗も少なくなかったが、このような中でも1960年代までには小中学校の校舎・施設と教員配置の充実化を図り、ほぼ全児童が小学校に出席するようになっていた。

　一方アラスカ買収後の1896年の金鉱発見以降、白人開拓者の進出が激しくなったが、アラスカ開拓者の生活のなかでは相対的に先住民族の生活を真似ながら開拓を進めざるをえなかった。極寒・凍土のなかでは農業開拓はできず、冬期食糧確保や居住方法は先住民族の生活の智恵を学んでいた。またアラスカ先住民族は、ロシア国籍から移籍されたこともあり、ソビエトとの国防最前線のなかでは、南部48州に比して比較的伝統文化が尊重された。

　さらに常本（1993）によると、1968年のプルドー湾油田の発見によるパイプライン処理のために「アラスカ先住民請求処理法」を立法化し、4400万エーカーの土地と９億6250万ドルの資金が先住民族に付与されたとしている。アラスカでは油田収益で、先住民族を含めたへき地の学校環境・地域生活基盤整備・生活保障を豊かにできたことが、先住民族の文化保護推進の伏線となった。

⑵　アラスカの生活を基盤にした多文化理解教育と州教育規則による推進条件

　アラスカの先住民族を理解し、多文化理解教育を推進するためにはまず、教師が生活技能と地域文化も理解する必要がある。日常生活技能には革製品・樹皮製品・木工製品・象牙・そり・カヤック・楽器の製作や、自動鮭取り水車・捕鯨技術・冬期保存食などの捕食生活技能がある。自然現象としては氷河・オーロラ・凍土・白夜などの極寒の現象が見られる。アラスカ先住民族の規範価値としては集団性・協同性や年長者尊重などの価値観があり、白人の価値観と相違していた。教師の大部分は白人であるが、アラスカの地域文化の特性を理解しない白人教師が地域に受け入れられないことが頻繁にあった。アラスカの民族・社会・自然・文化の特徴は南部48州のそれとは極めて異なり、この文化の違いを教師が理解した上でアラスカに身近な学校教育内容と多文化理解教育を進めなければならない。

　このような中でアラスカ州規則「教育」第5章（1976）では、「各学校行政区は〜教育施策の改善のために、地域の教育委員会を含めて、父母や生徒やその他の地域の人々が直接参加できるようにしなければならない」としている。元々学校は地域文化の再生機能を有するが、先住民族が多いアラスカの教育において、連邦政府の教育改革方針に先立って、このように州規則で明記したことはアメリカのなかでも極めて先行的な内容を示している。この背景には、教育効果を高めるためにも、アラスカの文化を踏まえ、西洋的価値観と先住民族の価値観の対立をいかに調和するかが大きな課題であったことがある。

　1984年には先住民族の教育の権限は、連邦インディアン局からアラスカ州教育局に権限委譲され、それによりアラスカ州の先住民族に合った内容を構築しやすくなった。この頃から学校教育のなかでも意識的に先住民族の権利保護と文化尊重の内容が取り上げられてきた。玉井他（2014）によると、これに併行して、1990年代にはアラスカ先住民族の社会的地位向上と教

育的施策を展開するために、アラスカ先住民族連盟（Alaska Federation of Natives）やアメリカ北西部先住民族教育者協会（Association of Northwest Native Educators）などの先住民族の教育関係団体が多く設立された。これらの教育関係団体が後のアラスカスタンダードの取り組みにも大きな役割を果たす。

　1990年前後からは、アラスカ先住民族への歴史的再評価と多文化理解教育が、各学校で独自に取り上げられてきたが、レイ・バーンハット（Ray Barnhardt）（2007）は、その教育内容が単に先住民族の体験的な活動に留まることなく、先住民族の科学的な位置づけを施すことを課題とした。そして、その科学的な学校教育内容と教材を開発すべく1995年にアラスカ大学内に、「アラスカ先住民族知識ネットワーク」ANKN（Alaska Native Knowledge Network）を設置し、先住民族の協力を得ながら先住民族の知恵と科学的な知識の両方を結ぶ教材内容も研究し始めた。この科学的な先住民族文化を学校教育内容に取り入れることを通じて、先住民族への尊敬の念を高めるとともに、教師の多文化理解教育と先住民族のアイデンティティの向上も推進された。

3．アラスカスタンダード・ガイドラインの教育改革と学校・地域の合意形成

⑴　アラスカスタンダード・ガイドラインの遵守義務と多文化理解教育

　先住民族が多い学校と地域が多文化理解教育を推進するためには、学校・教師が先住民族の生活文化や価値観を理解するとともに、地域が学校の文化的再生産の役割を理解し、学校の多文化理解教育に協力することも不可欠である。また白人から見た教育内容と評価だけでなく、先住民族から見た教育内容と評価を取り上げることが不可欠である。このためアラスカ州では先住民族と白人である教師の両者が、地域のなかで相互に理解・協力

できる行動規範を増やすために、学校と地域が合意できるスタンダード・ガイドラインの作成とその遵守に取り組んだ。

　「アラスカ州先住民族教育者集会［以下、同記］」（Assembly of Alaska Native Educators）（1998）は、先住民族の多文化理解を進める上で先進的な取り組みとも言える「多文化共感型の学校を創るアラスカスタンダード」（Alaska Standards for Culturally- Responsive Schools）の行動提起と規範遵守の活動を進めた。このスタンダードは20個の先住民族教育関係団体で2年間かけて検討し、アンカレッジで開催された「アラスカ州先住民族教育者集会」において採択された。このアラスカスタンダードを基盤にして、アラスカ州教育局・大学・学校区が連携して、1999年に「多文化共感型の学校を創るアラスカ教師用ガイドライン」（Guidelines for Preparing Culturally-Responsive Teachers for Alaska's Schools）を作成し、指導内容・方法の指針と教師の行動規定を定めた。この教師用ガイドラインも「アラスカ州先住民族教育者集会」にて採択され2020年現在も継承されている。さらに学校・教師を指導する地方教育委員会の役割も、「アラスカ州先住民族教育者集会」（2002）は「多文化共感型の教育委員会ガイドライン」（Guideline for Culturally-Responsive School Boards）を作成して地方教育委員会の役割を明記した。先住民族が多いへき地校の教育委員会の管理者はアラスカスタンダードを遵守し地域を支援すること、州の教育政策担当者や出先機関は先住民族の多い地域の支援に関してリーダーシップを発揮すること、などが明記された。

　アラスカスタンダードによる全関係者への行動提起と地域内の合意形成「アラスカ州先住民族教育者集会」（1998）で合意したアラスカスタンダードの構成は、「生徒向け」「教育者向け」「カリキュラム内容のあり方」「学校のあり方」「地域のあり方」の5つの章からなっている。すなわち先住民族が多いへき地校を取り巻くすべての教育関係者・住民に向けて行動規範を提起したことが特徴である。これを基にしてへき地の学校と先住民族を含めた地域の学校経営・教育課程が各学校で具体的に方針化された。

　「生徒向け」の内容では、生徒が自分の先住民族地域の文化を卑下することなく、同時に新しい科学技術や生活様式を取り入れ、先住民族の地域社会の発展に貢献する人間を生徒たちに目指させた。具体的には、生徒は地域の伝統的・文化的価値観を守るとともに、自分の伝統文化だけでなく他の文化を取り入れ、適切な新しい技術を選択し地域生活の質を高めること、などを記した。これにより生徒には先住民族のアイデンティティとともに西洋文化を取り入れる担い手となることを中軸目標とさせた。

　「教育者向け」の内容では、教師は先住民族の生徒が持つ文化的伝統を肯定しつつ、そこから西洋的で科学的な新しい認識に繋げていく指導方法を提起した。具体的には、教師の指導方法として先住民族の地域生活の伝統的方法や地域環境・資源を媒介とし、その指導では先住民族地域の高齢者・保護者・地域リーダーを取り込むことなどを記した。すなわち先住民族の生徒の生活体験や身近な現象を基盤にしつつ普遍化する指導を進められる。

「カリキュラム内容のあり方」では、先住民族の伝統文化と現代的知識を統合するカリキュラム内容を提起した。具体的には、先住民族の伝統文化価値・信仰を単なる因習としてではなく、現代的・科学的知識から位置づけるカリキュラム、アラスカ先住民族の独自性と先進性を再評価するカリキュラム、地域の自然環境尊重の知識を地球的規模から再評価するカリキュラム、などのあり方を記した。

　「学校のあり方」の内容では、生徒・教師・学校・地域がそれぞれ交流できる学校運営を提起した。具体的には、生徒が地域を基盤とした学習活動ができる教育課程を支援すること、教員が地域の文化的知識・技術を学べる機会を作ること、学校と地域の人々が交流できる機会を定期的に開催すること、などのあり方を記した。これにより先住民族を含めた地域ぐるみの学校経営や教育課程経営ができるようになった。

　「地域のあり方」の内容では、地域の先住民族のアイデンティティを高めるとともに、子どもの教育を地域全体で支え、学校との交流・家庭との

交流を促進することを提起している。具体的には、地域アイデンティティを高める学校の学習活動を支援すること、保護者の教育活動参加を奨励すること、子どもの適切な文化的価値や行動を支援すること、地域資源の活用を教員に勧めること、教員と保護者・地域との交流を促進すること、学校教員を目指して高等教育に進学する若者を奨励すること、などのあり方を記している。これにより先住民族も西洋文化を受け入れていき、学校や教師を支援するべき行動規範となった。

　このようにアラスカでは、学校と地域の多文化理解教育全体を改革するために、学校教師も地域の先住民族文化に根ざした教育を進めるとともに、地域の保護者や先住民族にも学校に協力してもらうよう働きかける行動提起のガイドラインを作成した。アラスカでは、学校と先住民族の双方が理解し合う多文化理解教育を、アラスカ州の全教育関係団体で推進し、それぞれの立場から担える多文化理解教育を推進したことが重要である。このアラスカスタンダードと教師用ガイドラインは2020年現在も基本理念として用いられている。

4．科学的な先住民族教材開発による多文化理解教育と教育専門機関の役割

（1）　地域文化の再生産としての科学的地域教材開発とANKNの設立目的

　地域の文化的再生産を進める上で、その内容を科学的に支援する大学の役割も大きい。既述の通り1995年には、連邦政府とアラスカ州政府の支援を得て、アラスカ大学フェアバンクス校内に「アラスカ先住民族知識ネットワーク」（ANKN）を設立した。ショーン・タップコップ（Sean Topkok）（2014）によると、ANKNはアラスカ州教育局と連携しながら、先住民族の様々な伝統文化を教材化し、教師用指導書を普及する取り組み

を開始した。ANKN の URL によると、先住民族の地域伝統文化は単純に体験だけでは発展性がなくなるため、科学的な知見と結びつけて教材集を連続的に発行し始めた。科学的な知見と結びつけるためには学校教育の教科横断的な内容改革が不可欠で、ANKN では教科縦割りではない「発展的な総合的学習チャート」(Spiral Chart for Integrated Learning) のモデルを普及させた。これは現象として見える表層文化を深層文化から位置づけ、同じ学習内容でも、学年進行で螺旋上的にその掘り下げ方が深まっていくことを示した。このスパイラルの取り組みを先住民族団体と地域にも協力してもらいながら、全アラスカのへき地校に普及させた。この多文化理解の教訓は、抽象的な理念としての多文化理解だけでなく、先住民族の文化が科学的にも意味があることを説明できるように教材を開発してきたことである。

(2) 先住民族文化と西洋科学の融合による教育内容開発と ANKN による教材集の刊行

先住民族の現象を科学的に捉える教材化の刊行物は、2000年代に ANKN から急速に発刊された。ANKN ではこれまで30冊以上の先住民族の伝統文化を用いた教材集を刊行している。例えば Alaska Science Consortium (2000)『多文化共感型の科学カリキュラム集』(Handbook for Culturally Responsive Science Curriculum) では「伝統的な先住民族の智恵」と「西洋科学」を分類し、科学的に分析できる内容と慣習的な内容に分け、それに科学的根拠と必要知識を解説した。これにより先住民族の智恵と科学が個々の教材単元内で統合された。

「アラスカ州先住民族教育者集会」(2003) は「多文化理解オリエンテーションプログラム」(Cross-Cultural Orientation Program) を 20 の先住民族教育関係団体に改めて提唱した。このオリエンテーションプログラムも地域文化の実践体験を基盤にしているが、このなかでは地域の先住民族の伝統文化を学ぶとともに、連邦政府の資料を活かして地域探求学習を進める

ことを提起した。そのために教育局や学校および大学は、必要な情報提供と支援を行うことが明記された。この多文化理解のプログラムでは大学の役割が明記されたことが重要で、多文化理解の価値観を取り入れる教材と教育プログラムの実践開発の必要性が明記された。

(3)　先住民族理解教育教材キットの開発と教育委員会の収集・配信の役割

　アラスカでは教育関係者が担うべき理念と実践に基づいた教師用の指導書が行政的にも作られていき、先住民族理解教育を基盤にした教育実践教材開発が進められた。アラスカ州教育局（2019）が刊行した指導書としての「生徒向けの内容と実践アラスカスタンダード」には「先住民族の文化スタンダード」（=Cultural Standards）の項目が明記され、先住民族の教育内容を発展させている。この指導書初版は2005年で、第6版が2019年に刊行された。またアラスカ州教育局（2012）と連携して、スタンダードに基づくルーブリックを記した「教師用アラスカ文化教育ガイド」も開発された。

　これらの教材開発と学校現場での実践は、個々の学校・教師が個別に開発しても効果的ではない。そのため、各教師の実践方法や開発教材は、教育委員会に報告し、それを指導内容・指導方法のキットとして蓄積するようにしている。教育委員会には、だれが開発したキットであるかわかるようにした上で、だれもがそのキットを借りて実践できるようにした。例えばフェアバンクス市教育委員会には、自然、社会、文化、環境、民族など、約100種類の地域教材キットが保存され、そのほとんどを学校・教師が活用している。またANKNがデータベース化したカリキュラム教材には、毎年8万件のアクセスがあり、へき地の教員がCD-ROM教材として活用している。アラスカでは先住民族の文化だけでなく、南部48州の自然とも大きく異なるため、自然・社会などあらゆるアラスカ教材が地域教材となる。

5．多文化理解教育を支えるアラスカ教員資格制度と教員養成教育

⑴　アラスカの教員資格制度とアラスカスタディなどの必須条件

　アラスカでは元々アラスカ出身ではない白人が教師になる割合が高く、とりわけへき地校に赴任した教師がアラスカ先住民族文化を知らない場合が少なくなかった。そのためアラスカ大学では先住民族理解教育に対応できる教師の養成は、先住民族の地域を発展させるためにも不可欠であると考えた。教師が多文化理解教育に対応するために、アラスカ州と大学では1990年代からアラスカでの教員資格として、「Alaska Studies」（アラスカ学）科目群 3 単位、「Multicultural Education（多文化教育）/Cross-Cultural Communications（多文化コミュニケーション）」科目群 3 単位、の合計 6 単位は必須とした。これを取得しないとアラスカでは教員になれない（単位取得猶予期限あり）。この科目の開設は、2019年時点で、アラスカ大学全体で50科目が開講され、アラスカの地域性を踏まえた大学での教員養成は組織的に行われている。アラスカ州教育局が主催する「Creating Culturally Responsive Schools」（文化尊重研修講座）という教員研修講座も実施され、アラスカでの多文化理解に関する教員の資質向上も進められている。

⑵　多文化理解教育に資する教員養成教育とアラスカ大学フェアバンクス校の役割

　アラスカ多文化理解教育を担う教員を輩出する上で、アラスカ大学フェアバンクス校（UAF）の教員養成教育の役割も大きい。UAF（2018-2019）では、既述の ANKN の設置に加え、Major of Rural Education のへき地教育専攻がある。レイ・バーンハット（Ray Barnhardt）（2008）によると教職課程学生の 5 ％は先住民族でありへき地の多文化教育を担う教師と

なり地域リーダーとなる。

　UAFでは、「Indigenous Culture of Alaska」(アラスカ伝統文化)・「Native Cultures of Alaska」(アラスカ先住民族文化) は選択必須科目で、「Teaching Material by Community Resources」(地域教材活用法) は共通科目である。これにより先住民族文化を知り、それを教材化できる資質を育てる。また UAFの教育実習では先住民族理解のために、1979年からへき地校への14週間実習を選択で開始し、1990年代からは毎年40人近くがへき地教育実習を希望し、先住民族の教育を実践的に学んでいる。これらの科目と実習によってへき地校で多文化理解教育に対応できる教師を養成している。へき地校では受け入れ校教員によるメンター制度を設けて、意識的にへき地校での多文化理解教育の実践指導を推進している。このように多文化理解教育を担う教員養成教育は不可欠であるが、UAFでは意識的に実習生として先住民族地域に派遣し多文化理解教育を推進する教員を育成している。

6. 小括──アラスカの多文化理解教育の施策と共生社会実現のための教育の推進条件

　以上、先住民族の割合が高く、独自の開拓の歴史を有するアラスカの歴史的条件を基盤にした上で、学校と地域の先住民族理解教育の具体的な実践を捉えながら、多文化理解教育の推進施策を捉えてきた。アメリカでは連邦政府の教育改革も進められているが、アラスカでは「Place based Education」を典型的な実践として、学校・地域の双方において多文化理解の行動様式を規範として義務化していくとともに、先住民族文化の科学的な教材を開発してきた。先住民族団体と教育関係団体が連携して、学校と地域の融合と地域教育内容改革を進めながら、先住民族の多文化理解教育を進めてきた。

　この背景には、以下のような多文化理解教育の潜在的条件と方策があったことによる。第一に、アラスカ州規則では早くから地域住民が教育施策

の改善に直接参加できるようにして先住民族の意向を取り入れたこと。第二に、全アラスカ「先住民族教育者集会」において、多文化理解を進めるためのアラスカスタンダードを採択し、地域に対しても学校に対しても遵守義務を提起したこと。第三に、アラスカスタンダードに沿ってあらゆる教師の教育活動の具体的ガイドラインを作成したこと。第四に、多文化理解のために先住民族を理解できる具体的で科学的な地域教材開発をすすめ、科学的な教材を通じて先住民族文化と西洋文化の融合を進めたこと。第五に、そのためにも政府とアラスカ大学が連携して ANKN を設置し、先住民族文化を材料にした科学的な学校教材を開発・普及したこと。第六に、先住民族教材をキットにして全教員が利用できるようにしたこと。第七に、これらを担う教員養成のために、アラスカの教員資格や教員養成制度・カリキュラムを整えたことである。

　これらが相乗的に展開することで、アラスカでは学校教育関係者だけでなく先住民族関係者を含めて多文化理解教育を進めた。このような多文化理解教育の観点と実践は、民族共生社会を目指す日本においても、示唆的教訓を提示している。

〈付記〉

　アラスカ政策に関しては、元在アンカレッジ日本国総領事館職員岩﨑久和氏から助言を頂いた。

【引用・参考文献】

G. S. カウンツ著，中谷彪他訳（1981）『地域社会と教育―教育委員会の社会的構成―』明治図書。

川前あゆみ・玉井康之・二宮信一編（2015）『アラスカと北海道のへき地教育』北樹出版。

北野秋男（2017）「オバマ政権の教育改革―RTTT政策から ESSA 法まで―」日本国際教育学会編『国際教育』第23号，日本国際教育学会，pp.1-15.

ジャック・ジェニングズ著，吉良直・大桃敏行・高橋哲訳（2018）『アメリカ教

　育改革のポリティックス-公正を求めた50年の闘い』東京大学出版会。

玉井康之著（1997）『現代アラスカの教育改革』高文堂出版社。

玉井康之・牛渡淳・田中真奈美・牛渡亮（2014）「アラスカの先住民教育政策の
　展開と特徴」『先住民族の教育権保障に関する国際比較研究』（平成24～26年
　度科学研究費補助基盤 A報告書・岩﨑正吾代表科研）早稲田大学総合科学学
　術院，pp.144-166.

常本照樹（1993）「アラスカ先住民請求処理法と『先住権』」北海道教育大学国
　際理解教育研究会編『国際理解教育の研究Ⅱ』北海道教育大学，pp.74-78.

J.デューイ著、宮原誠一訳（1957）『学校と社会』岩波書店。

Alaska Comprehensive Center, Alaska Native Educators, and Education
　Northwest（2012）*Guide to implementing the Alaska cultural standards for*
　educators. Alaska Department of Education & Early Development.

Alaska Department of Education & Early Development（2005）*Content and*
　performance Standards for Alaska students. Alaska Department of Education &
　Early Development.

Alaska Native Knowledge Network（2019）*Spiral chart for Integrated Learning*
　<http://www.ankn.uaf.edu/index.html,最終閲覧日 2019 年 8 月 1 日。>

Alaska Science Consortium and The Alaska Rural Systemic Initiative
　（Eds.）（2000）*Handbook for culturally responsive science curriculum*. Alaska
　Native Knowledge Network.

Assembly of Alaska Native Educators（1998）*Alaska standards for culturally-*
　responsive schools: cultural standards for students, educators, schools, curriculum,
　communities. Alaska Native Knowledge Network.

Assembly of Alaska Native Educators（2003）*Guidelines for cross-cultural*
　orientation programs. Alaska Native Knowledge Network.

Assembly of Alaska Native Educators（2002）*Guidelines for culturally responsive*
　school boards. Alaska Native Knowledge Network.

Assembly of Alaska Native Educators（1999）*Guidelines for preparing culturally*
　responsive teachers for Alaska's school. Alaska Native Knowledge Network.

David A. Gruenewald, Gregory A. Smith（2007）*Place-based education in the*
　global age: Psychology press,pp.137-153.

Ray Barnhardt（2007）Creating a place for indigenous knowledge in education:
　the Alaska native knowledge network. in David A. Gruenewald, Gregory A.
　Smith. *Place-based education in the global age*: Psychology press, pp.113-133.

Ray Barnhardt（2008）Indigenous knowledge systems and higher education:

preparing Alaska native PhDs for leadership roles in research. *Canadian Journal of Native Education*；*31*，2, Education Collection, pp.154-174.

Sean Topkok（2014）Native Ways of Networking. in Claude Alvares（Editor）. *Multicultural Knowledge and the University*. Other India Press, pp.143-149.

State of Alaska（1976），Program Planning and Evaluation, Law of Alaska: Title Education, Chapter 05 Local Education Section.

UAF School of Education（2018-19）*Elementary internship year handbook*. University of Alaska Fairbanks.

第7章

国際先住民族教育運動に見られる
アラスカ・ネイティブの教育的戦略
アラスカ大学発祥の取り組みと内的動機を手がかりに

ジェフリー・ゲーマン

1. はじめに

　近年、先住民族のことが国際的に話題に上ることが多く、なかでも先住民族の伝統知は環境保全、持続可能性、科学への応用で再検討されつつある（Davis and Perkins 2009, Suzuki and Knudtson 1993, Krupnik and Jolly 2010）。一方で、ブラック・ライブズ・マターの運動は、現代社会において、歴史的不正義とともに、先住民族の人権の不安定性が課題であり続けることを物語っている。グローバルな課題に精通するには、これらの問題を注視することが必要不可欠であり、先住民族を含むマイノリティへの支援は良心的な研究者にとって義務に等しいといえよう。このような背景を踏まえ、本稿では、将来、日本の先住民族（本論文では琉球民族は対象としない）教育に光を当てられるように、先住民族の権利運動の一環として、またアラスカの先住民族の文化をより中心に位置づけるための手段として、アラスカの先住民族の教育に焦点を当てる。

2．先行研究

　近年、アイヌ民族への適用可能性を念頭に、海外の複数の先住民族の教育的取り組みが検討されてきた（野元 2012; 日本社会教育学会 2015; 前田 2019）。筆者の故郷であるアラスカ州の事例もこれらの一つである。少なくとも数十年前から、社会教育と学校教育の連携（玉井 1996）、へき地教育（玉井 1996; 川前他 2016）、先住民族教育（Gayman 2012）そして多文化教育（玉井・川前 2020）の観点から、北海道の教育にとってのアラスカ州の取り組みの応用可能性は注目されてきた（玉井 1996; 川前他 2016）。特に、アラスカ大学フェアバンクス校（University of Alaska Fairbanks、以下「UAF」と略記）のイニシアティブによる、へき地やアラスカ先住民族教育のための取り組み、とりわけアラスカへき地教育総合改善事業（Alaska Rural Systemic Initiative、以下「AKRSI」）が取り上げられてきた（玉井他 2015）。2021年の10月に予定されている日本国際教育学会の年次大会のシンポジウムの一つがアイヌ民族の教育にとってのアラスカの示唆をテーマとしていることからもアラスカにおける先住民族教育を再考するのに相応しい時期と言ってよいだろう。

　本稿では、アラスカの先住民族教育の取り組みを先住民族による国際権利運動、とりわけ「先住民族教育」と称されてきた現象の観点から取り上げる。多文化教育と先住民族教育には共通点は見出される（そして刺激的なことに本書および2021年の年次大会においては実際に検討されている）ものの、二つの営みを最終目標と人類への繁栄の二つの観点から区別することは肝要だと考える。なぜなら多文化教育に関しては、過去の同化教育の影響もあり、先住民族の文化が教育では単なる「ワンオブゼム」として扱われることにより薄まると考えられることから、今なおつづく切実な危機に瀕している（St Denis 2011）。特に、先住民族教育を取り上げるにあたっては、先住民族の文化、言語、知識体系の脆弱な状態に目を配りながら、先住民

族社会の整合性と独自性を維持しつつ、その不安定な状態を解消し、もとの健全な状態に回復して、先住民族の自己決定の実現にむけたプロセスにおける文化、言語、知識体系が注目されていることは特筆すべきだろう。アイヌの状況への応用可能性をより精密で行き届いたものにするには、背景にある先住民族の権利回復運動全般の目標や理念を確認した上で、それらが具体的な事例においてどのように現れるかということに着目し、より広い視座を得ることが肝要であろう。

　本稿では、学校教育と対峙した固有の知識体系（Indigenous knowledge system）として先住民族の文化を捉えた McGovern（2000）により提示されたモデルをベースに展開された Gayman（2011、2012）の視点を援用し考えてみたい。

　この視点によれば、先住民族の知識体系とはある一定の環境に何世代間にもわたって居住し、その自然との密接な関わりにおいて成長した高度で複雑なシステムであり、それが社会的規範にも組み込まれ、自然・社会環境のなかで、その環境に直接影響を受けながら直接体験により伝承されるものである。学習過程において、先住民族の言語やコミュニティ、とりわけ古老たちの存在や役割は極めて重要である。それに対して、外部によって持ち込まれた学校教育制度、とりわけ国民国家により進められた同化教育は、これらの知識体系を破壊し、周辺化するように機能してきた。しかしながら、先住民族は共通に自立や自己決定を優先するコミュニティ開発を通じた感情的・精神的な再生を希求しており、そのゴール達成や世論形成のためには「現代の知」が一つの手がかりになる。その際、先住民族教育にとっては従来の伝統知と学校などによる現代の知との間にいかにバランスをとるかが鍵となる（Gayman 2012）。

　先住民族の知識体系というのは、かくも不安定ではあるものの、主流社会との各種の交渉において、先住民族自身の目標が託された最重要手段として捉えることができる。先住民族の文化を先住民族の知識体系として捉えなおし、またその特徴を検討する視点は、教育など異文化間接触が生じ

る状況において、先住民族社会の総合的なエンパワーメントを獲得するための手段としてそれを駆使する戦略やテクノロジーを考慮に入れることでもある。このような捉え方により、国際的な先住民族の権利回復運動に対し、先住民族の知識体系の使用を位置付けることが可能となる。言い換えれば、このようなアプローチは先住民族の内的動機に焦点を当てることにより、岩﨑他（2015）により提示された外的要因重視の研究的指標を補完するものである。次節では、アラスカを具体的事例として取り上げ、分析対象とする。

3. 先住民族教育の範囲と特徴

本稿では McKinley と Smith（2019）の理念に従い、先住民族共通のゴールを前提とした捉え方で論じていく。この節の内容は主に彼女らおよび Gayman（2012）による先行研究のレビューに基づいている。

いうまでもなく、この 10 年ほど、先住民族が置かれている状況に対し、最も頻繁に参照される指標は先住民族の権利に関する国際連合宣言である。最高の貧困率、最低の教育達成率、医療や住宅のアクセスが最も悪い状況に直面している彼／女らにとって（UNESCO Indigenous Peoples n. d.）、教育はこの運命を一変させる手段である。一方で、「一人の古老の死は図書館一つが全焼するに等しい」の言葉が表しているように、先住民族の言葉と文化は待ったなしの状態にあり、消滅の危機に瀕している（McCarty and Lee 2014）。先住民族の人々は、主流社会の価値観や指標に依拠した教育のみを望んでいるわけではないことは強調しておかなければならない（WIPC：E 1993）。

(1)　言語と文化を通した教育

外部から押し付けられた教育システムの脅威に対し、先住民族固有の知識体系を維持することを可能としつつ、自己決定のゴールにも近づける対

応策の一つは先住民族の言語と文化を先住民族の教育目標達成のための手段として用いる方法である（Gayman 2012）。

　先住民族の言語と文化を教育の中心に据えるというこの動きに、1980年代から無数の先住民族出身の教育者、教育研究者および彼／女らのサポーター、そして教育や社会科学の多様な分野から得られた学際的な成果をもとに、教育場面における先住民族文化の維持・発展を図るための文化的指標や指針が作られ（例えば、Demmert and Towner 2003; Brayboy and Castagno 2008; McCarty and Lee 2014; ANKN）、加えて国際先住民族教育運動（Gayman 2012）の実践の成果が共有されたことは大きな契機となった。これらとともに、程度の差こそあれ、世界の複数の社会運動から影響を受け、活動を前進させるための戦略指針が生み出された。また、これらを補完するものの一つに、家庭や地域社会との有機的な連携の重視が見られる。

(2)　基盤としての伝統知、家庭、地域社会

　過去20年の間、先住民族出身の研究者は、文化に適した教育運動のなかから生まれた指針を新たな高みに持ち上げた。つまり、自らの言語や文化を媒体とした高等教育を通じて、先住民族のエンパワーメントに貢献している高等教育機関を独自の基準で認定するため、自ら高等教育認定機関（World Indigenous Nations' Higher Education Consortium、以下「WINHEC」）を設立したのである。世界先住民族大学（WINU n.d.）が「主権」をモットーに掲げているように、これらの取り組みは、先住民族のウェルネス（個人・共同体の心身の健康・健全さ）と地域開発にとって、重要かつ多角的で包括的なアプローチ（WINHEC Wellness Model n.d）から始まり、上述した家庭、地域、言語と文化を重視した教育方法とも関わり、先住民族の自己決定の権利を最優先事項としている。実際にWINHECのホームページからは、就学前教育、言語復興、教育行政に関する最先端の概念の導入に加え、先住民族の伝統知を現代の教育現場に活用するための様々なディジタルツールの開発などの取り組みを見て取ることができる。

　要約すれば、「先住民族教育」と称されているものは、最も理想的な形で先住民族の地域社会が目指す社会的、経済的、政治的ゴールに向けた交渉であり、それは現代のツールや技術を戦略的に駆使しつつ、先住民族の言語や文化を最大限に媒体とした教育を通じて、常にある植民地主義、近代化、グローバル化の脅威に対し、先住民族の権利回復のために行われる継続的な交渉である、といえるだろう。

　次節では、アラスカの先住民族教育運動について、先住民族の内的な動機に注目しながら、岩﨑他（2015）の研究を分析枠組みとして、アラスカ・ネイティブ（アラスカの先住民族。以下「AN」と略記）の主体性を浮き彫りにしたい。また、それが運動のなかでどのような形で具現化され、またどのような運動戦略を駆使したかに関する視点を加えたい。対象として注目するのは、アラスカ州のほとんどのへき地・先住民族教育の中心にあり続けてきた UAF である。

4．アラスカにおける先住民族の権利回復運動

　アラスカ州の先住民族の多くは現在でも 200 の先住民族の村落に住んでいる（Barnhardt et al. 2000）。アイヌの事例との比較検討において重要な点は、アラスカ先住民族コミュニティの住民にとって最も大きな問題が外部の政府によって押し付けられた医療、住宅、教育制度が継続的に村の生活文化に合わない（Napoleon 1975）ということである。つまり先住民族の教育を検討する場合、こうした関連する構造も検討の対象にしなければならないということである。

　2007年に国連が先住民族の権利宣言を採択する遥か以前から、AN によるロビー活動の主要な原理は、自らの生活に直接影響を及ぼすことは自らの文化や希求に沿って、先住民族のコミュニティ自体がコントロールするということだった。これはすなわち先住民族の村落という場所に根ざした自らの文化や出身地に対する愛着に支えられており、土地開発など外部

による脅威に対し団結する必要性をきっかけに具現化したものである。例えば、1971年の Alaska Native Claims Settlement Act（アラスカ先住民族請求処理法、以下「ANSCA」と略記）の制定に向け、Alaska Federation of Natives（以下、「AFN」）など、AN の団体は AN の土地権限の確保において中心的な役割を果たしてきた。ANSCA の結果として設立された、地域の先住民族によって管理運営されている「ネイティブ会社」（Native Corporations）は特にその後に州内の社会制度や教育制度を変更させたり、研究や政策において発言の機会を増やすことによって、自らの経済的・政治的な力を行使してきた。

　例えば、1970年代半ばに、それまで連邦政府により管理されていた教育制度がローカルなものに取って代わられたのも先住民族による集団訴訟の判決の結果によるものである。この時代から北海道教育大学の研究者が頻繁に取り上げてきた「文化に適した教育」は少なくとも内的動機として存在していたといえよう（Cotton 1984）。

　このようにして、アラスカの先住民族の教育のための闘いは地域に根ざした彼／女らの生活文化と言語の維持・発展を見据えたものであり、それを可能な限りあらゆる方面からなされたものであった。その点で、同様の活動に取り組んでいる世界中の先住民族のそれと共鳴する。これまで AN が取り組み、現在も続けている活動は、アラスカ大学を中心にして開発された今日の教材にまで含まれていることは特筆に値する（例えば、アラスカ大学が発行している先住民族教育のためのカリキュラムにおける「ANSCA」［トライブと地域共同体］の単元など）。1977年から2013年まで UAF の「多文化共生研究センター」（Center for Cross Cultural Studies。以下「CCXS」と略記）のセンター長をつとめたバーンハート（Ray Barnhard）が AN教育に関する集大成である文献の序文で AFN による集団的自己決定権獲得の「闘い」に言及したように（Barnhardt 2010）、AN の文化・言語の維持に使われる運動の手段や目標までを大学が承認しているのである。国による政策の違いはあれど、アイヌ民族の集団的権利が全く認められていない

日本において、その権利によって可能となる様々なことの重大さを考慮せず、安易な教育方法論のみを紹介することの問題性をアラスカの事例は示唆しているように思われる。

　もちろん、地域向上と地域改善の面で最重要課題とすべきは教育であるが、ANは高等教育の改革にとりわけ意欲的に力を注いできた。例えば、先住民族のための教育はアラスカ大学のみならず、その他いくつかの地元の高等教育機関も提供している。なかにはトライバル・カレッジとして、連邦資金の対象となっている機関もあるが、重要なのはそれぞれすべてがANの関与のもとで展開されていることである。

　また重要なのは、これらすべての教育活動が常にローカルな地域の開発と連関して構想され、各行政レベルにおいては地域の総合的な開発に貢献できるリーダー育成と関連づけられている点である。このことは2012年にUAFで新設された学際的先住民族研究の博士課程の選択肢（先住民族スタディーズ・研究、先住民族の知識体系、先住民族の教育、先住民族の言語、先住民族のリーダーシップ、先住民族の持続可能性）（UAF Indigenous Studies Homepage n.d.）の学問領域の多様性と幅広さのみならず、その根底にある視点が経済的な「開発」のみならず、地域の内面的なウェルネスや文化の発展・維持など、先住民族ら地域住民の要望に基づいた理念が大学の教育・研究に的確に反映されていることに現れている。さらにANは近年増加傾向にある国際的な経済プロジェクトや、先住民族の知識体系と現代科学の融合を探求する多国間の学術研究にも積極的に関与している。

　もちろん、これらすべての事業が成功したわけではなく[1]、現在の景気後退がその存続にとって痛手になっているのは事実である[2]。しかし、何よりも、ANの地域社会に対して説明責任がある何人もの研究者の文献や行動には、地域が自らの規範や希求に沿って地域の開発の方向性を自ら方向付けるという理念への執念が、これまで閉鎖されたプログラムが異なる形で復活し、持続していることに現れている。

5. アラスカ大学フェアバンクス校（UAF）の取り組み

　UAF は人口3万人という小さな町に位置しているにもかかわらず、複数のキャンパスから構成されるアラスカ大学システムのなかの最大のキャンパスで、先住民族関連の多くのプログラムの中心地でもある。先住民族コミュニティを対象とした高等教育機関（Indigenous-serving institutions）は先住民族を対象とした学校教育の様子のみならず、先住民族社会・地域の発展に関わるすべての要因を研究対象としており、また有望な若手研究者の育成も行っている。それゆえ先住民族教育研究の重要な対象である。先行研究の節で紹介したように、つい数十年前までは高等教育機関はその画一的な雰囲気ゆえに、先住民族の知識体系を排除し、先住民族の文化を周辺化するところであった。住み慣れないキャンパスや都市部の生活はへき地出身の先住民族の学生にとって超えられない壁で、結果としてその多くは退学してしまう傾向にあった。したがって、先住民族の文化や言語を媒体とした先住民族の発展のための運動は、いかにこれら先住民族出身の学生が安心できるよう、キャンパスの至るところに先住民族の文化を反映させられるかという、いわば大学の「先住民族化（"Indigenization of the University"）」（Gaudry and Lorenz 2019）のための闘いでもあった。そこで本節では学生支援を含め、AN関連の UAF のプログラムを総合的に紹介することとする。

　本節では、ネイティブ関連のプログラムの発展は初期の頃から、連邦や州政府により義務付けられた大学のハード面での仕組みと、本稿全体を通して言及している先住民族の全体的なウェルネスと総合的な発展を反映した、AN・コミュニティが希求しているソフト面との間の交渉の過程として捉え、UAF を中心に AN出身の学生のためのプログラムを1）拡大、2）進化、3）国際化、4）先住民族化の四つの切り口から検討することとする。

　まず、UAF は 1971年に設立され、アラスカの先住民族関連の研究をリードしてきた CCXS が所在する場所である。CCXS は当初から UAF における AN関連の研究における主要な役割を果たしている。センター長が共同運営を担った AKRSI（アラスカへき地総合改善事業）の研究事業実施の責任や、AKRSI事業のデータベース・出版部門、Alaska Native Knowledge Network（以下「ANKN」と略記）の管轄をしていることもあり（CCXS Homepage n.d.）、玉井他の報告（2015）に大きく取り上げられている。しかし、CCXS は UAF の唯一の有意義な取り組みではない。残念ながら紙幅の関係で表面的な紹介しかできないが、アラスカ大学による AN支援の方策は実に多種多様である。

　まず、アラスカ州、アラスカ大学の理事会、そしてアメリカ合衆国の連邦政府は 1970年代前半から、AN の支援に向けた組織を積極的に立案・設立している。例えば、アラスカ先住民言語研究センター（Alaska Native Language Center、1972年設立）、北方教育研究センター（Northern Education Research Center、1971年設立）、へき地・先住民出身学生支援室（Rural Student Services、1972年、以下「RSS」）そしてへき地教員協力隊（Alaska Rural Teachers Training Corps、1970年）がある（Barnhardt Milestones n.d.）。

　これらの先住民族教育や研究関連の事業の行方は AFN、各地のネイティブ会社、そしてロビー団体からの継続的で粘り強い働きかけをも反映している。つまり、設立当初から、これらの組織は 1）当該施設・組織の量を増やし、質を高める、2）地域の発展につながる学術専門機関を設立し、あるいは既存のそれの質を高め、3）教員、その他の重要なポストに AN 出身者を着任させ、また高度な学問を身につけた卒業生が増えるように AN出身の学生向けの支援体制の充実化など、専門家育成を充実させるようにプレッシャーを与えてきた（Jennings　2004）。重要なことは大学構内の人的・物的環境も含め、これらすべての研究・教育プログラムに先住民族の文化をその中心に据えるよう努めている。またこの構図にはネイティブ・サポーターの存在と国際先住民族運動の影響も加わっている。

⑴　拡大

　AN出身の学生のためのプログラム拡大の例として、最初はへき地やネイティブ教育に特化した研究を行うために設立されたNorthern Education Research Center は1977年になって，名称をCenter for Cross-Cultural Studies に変更しており（CCXS Homepage n.d.）、現在、このセンターが極めて多方面にわたる学際的で応用的な研究を行っている。筆者がUAFで学んでいた2004〜05年頃、Cross-Cultural Studies の分野でしか取得できなかった修士号は、現在ではIndigenous Studies の修士号と博士号に「進化」しており、大学が提供する専門的知識の量や専門性の質の増大が反映されている。

⑵　進化

　AN の権利運動要求との関連で、ANKN のウェブサイト（ANKN HP n.d.）上部のバナーが表示しているテーマはコミュニティに対するCCXS の説明責任を如実に表している。そこでは「先住民族教育」のみならず、「資源管理」、「言語復興」、「インディジェネス・ウェルネス」と「インディジェネス・サイエンス」という四つのテーマが交互に表示される。これらのテーマは第2節の2項で言及した世界の先住民族権利回復運動の目指すゴールや、そこに言語や文化を媒体とした教育に期待される役割を如実に反映している。すなわち、これらのテーマには過去50年間の先住民族権利回復運動や文化・言語復興運動の拡大、先住民族自らの関心ごとの進化（つまり、ウェルネスを視野に入れた運動の展開）、そして近年、国際的に急増している、科学分野への伝統知の貢献の可能性の検討やそこにおける先住民族自らの関与の深化が見られる。

⑶　国際化

　アラスカ大学の研究者らは、1970年代の初期から、国内外の学会への参

加により、最先端の知見を常に取り入れてきたと同時に、先住民族の教育者・教育研究者同士で連携を強めてきた。バーンハートと、現在はその多くがアラスカ大学で教鞭をとっている彼の学生たちは1987年から行われた先住民族の教育のための世界大会（World Indigenous Peoples' Conference on Education, WIPC: E）に出席し、バーンハートは設立当初からWINHEC の理事を務めている。これらの交流によって AN の教育研究と実践に国際先住民族教育運動が影響を与えるに至り、またその逆も起こった。

　アラスカの地域の先住民族教育者協議会から提唱された「カルチャー・スタンダード」がアラスカ州によって認められ、さらにそれに触発されたハワイ州やニュージーランドでも類似した指針の策定につながっている。また、WIPC: E や WINHEC などでの相互的な交流は2000年代半ばという早い段階から先住民族教育者同士の国際的なビデオ授業の開発や先住民族教育研究所との連携にもつながった。

⑷ 「先住民化」

　アラスカ州に多大な知的貢献を成した数十名の研究者が、先住民族が人口を占める小さな村の出身であることは決して偶然ではない。大学の「先住民族化」とも呼ばれたが、経験と根気、そして高等教育における文化的に適切な教育に関する国内外の研究が結集した結果である。専門性の量的増大や質的向上だけではなく、アラスカ大学で学んでいる学生に対し、奨学金の獲得や新しい大学生活に関する助言を与えられる先住民族出身のカウンセラーの雇用、さらに先住民族の古老に大学構内に住居を与えて学生たちと頻繁に交流する機会を設けるなど、大学構内に先住民族コミュニティを取り入れる試みがなされた。UAF の場合、これはへき地出身の高校 2 ～ 3 年生のための高大連携プログラム（1981年）、へき地出身の学生を対象とした学生支援制度RSS（1970年）、先住民族出身の学生の宿舎マクリーン・ハウス（1987年）、古老が大学に住み込む Elders-in-residence

プログラム、そしてへき地と先住民族の問題に専従する副学長のポスト（Vice-Chancellor for Rural and Native Affairs, 2014年、以下「RNAVC」と略記）の創設という具体的な制度の整備につながった。構内に自らの出自に関して躊躇することなく、ありのままで安心していられるセーフ・スペースや古老の存在はおそらく先住民族出身の学生たちの卒業率や学業成績の向上につながっているに違いない。

　いずれの取り組みがどこからインスピレーションを得たかについては更なる調査を要するが、自らの文化への愛着がAN関連の教育と研究プログラム、学生支援体制を充実させるよう駆りたてさせたのは確かである。

6．おわりに

　このようにして、AN は 1970年代の段階から、地域の義務教育をより地域の文化に即したものにし、その地域の教育を地域住民がコントロールできるよう運動してきたのみならず、様々な制度をより自らの状況に相応しいものにするべく、自らの声が重視されるよう働きかけてきた。アラスカ大学に対しては教育だけではなく、彼／女らの生活様式に影響を及ぼすすべての要因に関する研究プログラムの設立、拡大、充実をアラスカ大学に要請してきた。また、先住民族出身のリーダーや研究者の育成に向けて、先住民族自らの文化に沿った要素をキャンパスに取り入れるよう、働きかけ、実現させた。

　このように、アラスカの場合、先住民族関連の教育は異文化理解やマイノリティ文化の地位向上に向けたものに留まらない。それは、人材育成、地域開発、自己決定に基づく経済や政治的目標を含み、先住民族コミュニティのエンパワーメントを目標とした意図的な動きの一つの戦略である。

　このような戦略や行為は世界中の至るところに、文化や言語が危機に瀕し、同様の状況に置かれている先住民族が展開してきた「国際先住民族教育運動」と整合性があり、文化と言語を媒体とした教育を通じた地域の発

展は、今や国際的な動きに発展している。

　アラスカの場合、連邦政府など外部によって導入された様々な社会制度と自らの実際の生活との間に存在した種々の不一致への不満や、自らの文化、出身地に対する愛着が内的動機となり、言語と文化を教育の中心的媒体にし，文化と地域に根差した教育のための戦略（アラスカ大学の理事会へのロビー活動）と組織（RSS、Elders-in-residence の事業、RNAVC）が開発されてきたと見ることができる。本稿の試みは、先住民族の外部勢力の教育機関としての大学に対し、愛着を持つ自らの地域や生活に影響を及ぼすその機関の教育・活動を変容させる，という状況に埋め込まれた実践の分析を通じて、先住民族教育に対する内的動機に光を当てようとすることだった。この試みが主に外的要因を中心とする、岩﨑他（2015年）が示す枠組みを補うものになれば幸いである。

　但し、アイヌの場合は、アラスカの事例に類似した萌芽的な取り組みへの意欲が見られるものの、アラスカモデルの単純な応用は控えるべきと考える。この点についての分析は紙幅の関係から別稿に譲りたい。

【注】
1）Jennings 2004 も参照されたい。
2）これに関しては別稿に譲りたい。

【引用・参考文献】

ANKN（Alaska Native Knowledge Network）https://www.uaf.edu/ankn/ Accessed 10 August, 2020.

ANKN Alaska Cultural Standards and Guidelines http://ankn.uaf.edu/ publications/#standards Accessed 15 August, 2020.

Barnhardt, Ray（2010）Introduction. In Ray Barnhardt and Angayuqaq Oscar Kawagley（eds.）*Alaska Native Education: Views from Within*. Fairbanks: Alaska Native Knowledge Center. pp. xvii-xxii.

Barnhardt, Ray. Rural Education Milestone Events in Alaska 1970~2014. Available online. https://www.naf.rdu/ankn/publications/collective-worksofray-b/Rural-Education-Milestones+.doc.pdf Accessed 10 August, 2020.

Barnhardt, Ray, Oscar Kawagley and Frank Hill（2000）Educational Renewal in Rural Alaska. Available online. https://files.eric.ed.gov/fulltext/ED455062.pdf Accessed 08 August, 2020.

Castagno, Angelina and Bryan Brayboy（2008）Culturally Responsive Schooling for Indigenous Youth: A Review of the Literature, *Review of Educational Research*, 78（4）, pp.941–993.

CCXS（Center for Cross-Cultural Studies）Homepage http://ankn.uaf.edu/CCS/index.html Accessed 10 August, 2020.

Cotton, Stephen（1984）ALASKA'S "MOLLY HOOTCH CASE"：HIGH SCHOOLS AND THE VILLAGE VOICE. *Educational Research Quarterly*. 8（4）. On Alaskool Site. Available online at http://www.alaskool.org/native_ed/law/mhootch_erq.html Accessed 6 August, 2020.

Davis, Wade and Tom Perkins（2009）*The Wayfinders: Why Ancient Wisdom Matters in the Modern World*. Toronto: House of Anansi Press.

Demmert, D. and J. Towner（2003）A Review of the Research Literature on the Influences of Culturally-Based Education on the Academic Performance of Native American Students. Portland, OR: Northwest Regional Educational Laboratory.

Gayman, Jeffry Joseph（2012）『土着の知に基づいたアイヌ文化継承に関する研究―「カルチュラル・セーフティー」論を中心に―』博士論文、九州大学人間環境学府教育システム専攻

Gaudry, Adam and Danielle Lorenze（2018）Indigenization as inclusion, reconciliation, and decolonization: navigating the different visions for indigenizing the Canadian Academy. *AlterNative*. Vol 14（3）, pp.218-227.

岩﨑正吾他（2015）『先住民族の教育権利保障に関する国際比較研究　平成 26 年度最終報告書』

Jennings, Michael（2004）*Alaska Native political leadership and higher education: One university, two universes*. Lanham: Altamira Press.

川前あゆみ、玉井康之、二宮信一編（2016）『アラスカと北海道のへき地教育』北樹出版。

Krupnik, Igor and Dyanna Jolly, Eds（2010）*The earth is faster now : indigenous observations of Arctic environmental change*. Washington: Arctic Studies Center（National Museum of Natural History）.

前田耕司（2019）『オーストラリア先住民族の主体形成と大学開放』明石書店。

McCarty, Teresa and Tiffany Lee（2014）Critical Culturally Sustaining/ Revitalizing Pedagogy and Indigenous Education Sovereignty. *Harvard Educational Review*, 84（1）, pp. 101-124.

McGovern, Seana（2000）Reclaiming Education: Knowledge Practices and Indigenous Communities. *Comparative Education Review*. 44（4）, pp.523-529.

McKinley, Elizabeth and Linda Smith, Eds（2019）*Handbook of Indigenous Education*. New York: Springer.

Napoleon, Harold（1975）Politics and Alaska Natives: One of a Series of Articles on the Native Land Claims. Fairbanks: Center for Northern Educational Research. Available online https://files.eric.ed.gov/fulltext/ ED119936.pdf Accessed 10 August 2020

日本社会教育学会編（2014）『アイヌ民族・先住民族教育の現在（日本の社会教育 第58集）』東洋館出版社。

野元弘幸（2012）『アイヌ民族の教育に関する総合的研究』2010～2012 年度文科省研究。

St Denis, Verna（2011）Silencing Aboriginal Curricular Content and Perspectives Through Multiculturalism: "There Are Other Children Here" *Review of Education, Pedagogy, and Cultural Studies*. 33（4）, pp 306-317.

Suzuki, David and Peter Knudtson（1993）*Wisdom of the Elders : Sacred Native Stories of Nature*. New York: Bantam.

玉井康之（1996）『現代アラスカの教育改革―開かれた学校づくりと生涯学習―』高文堂出版社。

玉井康之、牛渡淳、牛渡亮、田中真奈美（2015）「アメリカ合衆国（アラスカ）における先住民族の教育保障」『先住民族の教育権利保障に関する国際比較研究平成26年度最終報告書』pp.29-40.

玉井康之、川前あゆみ（2021）「アラスカの多文化理解教育の施策と学校・地域における共生社会実現のための教育」『コミュニティの創造と国際教育（日本国際教育学会創立30周年記念論集）』明石書店、pp. 86-101。

UAF Indigenous Studies Homepage. https://catalog.uaf.edu/graduate/ graduate-degree-programs/indigenous-studies/ Accessed 4 September, 2020.

UNESCO Indigenous Peoples. https://en.unesco.org/indigenous-peoples Accessed 17 August, 2020.

WINHEC WINHEC Accreditation Handbook, Indigenous Teacher Education, 1st Edition Well-Being Continuum p.13 Available online.

http://winhec.org/wp-content/uploads/2016/06/WINHEC_Accredit_

Handbook_ITE_1st- Ed.pdf Accessed 17 August, 2020.

WINHEC Homepage https://winhec.wildapricot.org/ Accessed 4 September, 2020.

WINU WINHEC Homepage http://winhec.org/winu/ Accessed 10 August, 2020.

WIPC:E (World Indigenous Peoples Conference on Education) (1993) The Coolangatta Statement on Indigenous Rights in Education. Coolangatta, New South Wales, Australia: Author.

第8章

仏教における「知恵」の教育
オーストラリアにおける仏教のペダゴジー及びカリキュラム開発のケーススタディ

ゼーン・ダイアモンド

新関ヴァッド郁代　訳

1. はじめに——知恵を育む

　本稿の目的は、上座部仏教[1)]、大乗仏教、密教の主要な伝統的慣習を通して、インドを起源とし、その周辺地域はもとより、近年では世界各国に仏教の教えがどのようにして広まったかを探究することである。特に「知恵（wisdom）」の獲得という仏教の目標を保持しながら僧侶や尼僧、教師らが仏教のペダゴジーやカリキュラム、教材を伝えるための知識やスキルを時を超えてどのように発展させてきたのかに焦点を当てたい。その上で文化や社会、そして政治経済の激動に伴って各国が人口動態における急速な変化に直面しているグローバル経済のなか、教師教育や教職へ与え得る示唆として、仏教の教育方法の潜在性について検討する。

　取り組むべき課題の多い今日の教育システムにおいては、知恵の獲得や、それが学校や大学のなかでいかに達成され得るのかということはあまり顧みられないように思われる。そこで、筆者が1990年代初頭以降に進めて

119

きた知恵とそれの近代教育における位置づけに関する研究を取り上げてみたい[2]。なお、過去2500年間にわたり、仏教思想が伝播する過程において様々な地域で発展した仏教の教育方法について議論するため、ここではインドとアジアそしてオーストラリアにおける筆者自身の研究から得られた事例に焦点を当てることとする。

　大半の文明は、その社会において最も重要であると考えられる価値を内包した教育の方法を発展させてきた。Wang & King（2006）は、「賢人であること（sagehood）」の概念について中国の伝統思想を調査し、この「賢人であること」を以下のように定義づけている。

　　自己変容やある種の内面的啓発を通して、彼または彼女の本質に本来備わっている徳に限らず、その全体に宇宙を抱擁する広大無辺な創造性をも悟る本物の人間になるために努力することである〈後略〉。（Wang & King 2006, p. 139)

　加えて、Wang & King（2006）は、古代インドの思想を起源とする学習の概念についても述べている。

　　普遍的な見解に基づいた直観と美学、そして先見的かつ生態的な知見の発展を内包する目的で学習の範囲を拡大すること以外に、古代インド文化において学習とは知的認識能力を包含することであると認識されている。（Wang & King 2006, p. 137)

　知恵を構成するものが何であるかを理解することは、その用語自体についての個別的かつ社会的な理解と結びついた複雑な問題である。筆者はタイでの事例分析から以下のように捉えている（Ma Rhea 2013）。

　　タイ語の"panjaa"は、パーリ語で知恵に当たる"pañña"に由来し

ている（Buddhadatta 1979; Nyanatiloka 1988）。また、Rajapandit Dictio-
nary（2537, p. 528; Haas 1964; Pawphicit, 2534）によれば、知恵は完成し
た知識として定義づけられる。

それでは、学生が知恵を育むための指導において、現代の大学講師や教
師に求められるスキルや知識、理解とは何であろうか。筆者の分析では、
仏教の数々の教えのなかに、そうした知恵を育むためのある種の教授学的
な伝達経路があることが示唆されている。

2. 鉄の鷲が飛ぶとき──ブッダガヤからデイルズフォードまで

　ブッダガヤでブッダが成道したときから彼の入滅まではブッダ自身の説
法を、その後は僧伽や信徒教師の両者を含めた法師たちの説法を聞くこと
が可能となっている。そして第1回仏典結集以降には、仏教経典や回顧録
の数々を読むこともできるようになった。紀元前500年頃から、ガンジス
川やブッダガヤ、サルナート、パトナ、ナーランダー、ルンビニ、そしてパー
タリプトラなどのブッダの教えの中核地であった地域を源流として、紀元
前400年頃にはブッダの教えや信頼をおかれた弟子たちの回顧録の伝承方
法が、伝統的な口頭伝承から記述へと転換した。こうして記述された文書
は、三蔵として知られている（三蔵とされる経蔵（Sutta）・律蔵（Vinaya）・
論蔵（Abhidhamma）の三種の籠は、そもそもこれらがいつ頃に三蔵として成
文化されたのかについては議論がある）。それでもなお口述形式を主流とし
つつ、僧侶らが各地域の言語へと翻訳する作業を通して、ブッダの思想を
仏教の中核地から各地へ広めていった（図8-1）。

図8-1　仏教の伝播

出典：“Buddhist Expansion” by Gunawan Kartapranata, 2014. https://commons.wikimedia.org/w/index.php?curid=30905152.（CC ライセンス著作物）より、翻訳者訳

　仏教伝播の第１波は、紀元前400年から紀元前300年にわたって盛んになったインド南西部における仏教学校の数々の設立である。そして紀元前300年には、アショーカ王がスリランカはもとより、ビルマやタイに至るまで仏教の伝播を後押しした。のちにこの東南アジア版仏教は、いわゆる小さな乗り物を意味する、上座部仏教として知られるようになる。地域をまたいで仏教を広めるため、僧侶たちもまた、ナーランダー僧院から仏教の中核地の西方、北方、そして北東部へと各地へ送られた。そうして広まった数々の教えは、俗世の人々にも共有され得る大きな乗り物に言い換えら

れ、大乗仏教の学校の教えとして知られるようになった。また、教義上に
みられるいくつかの差異については、仏教思想の数々が民族言語、または
その土着の神々や精霊と融合する形でローカルコミュニティに浸透するに
つれて発展したことに由来する。

　興味深いことに、西洋と東洋が初めて接触することになるのは紀元前
300年から紀元前125年の間にギリシャのアレキサンダー大王のインド征服
の際である。そしてインドに残ったギリシャの入植者たちの幾人かは、グ
レコ仏教徒となった。また、哲学や図像学の領域における彼らの貢献は現
在も認められるところである。ギリシャからわたってきた人々がバクトリ
アに定住してから、彼／女らはガンダーラなど数々の場所で、歴史的人物
であるゴータマ・シッダールタの肖像などの芸術作品を残したり、さらに
はメナンドロス１世の統治下で鋳造された硬貨なども寄贈したとされてい
る。

　領域拡大を続けた時代がすっかり落ち着きをみせた後には、中国から西
アジアへ、そしてその先につながる幾多の貿易ルートに沿って仏教思想は
さらに広がり始めた。例えば、旧北シルクロードや南方茶馬古道の沿線で
発見された考古学的資料の数々は、西暦400年から西暦500年に掛けて大乗
仏教が広まったことを物語っている。そしてこれらの思想は、西暦600年
までに中国や朝鮮半島を経由して日本へ伝来し、西暦700年には南はイン
ドネシアまで広まっていった。こうして大乗仏教の教えが新たな民族、新
たな言語と接触するたびに、翻訳という骨の折れる作業が始まるのである。
僧侶たちは左右逆様に彫刻された木版を作成し、それを現地の言語で刷っ
ていたと考えられている。時にはこれらは破壊されることもあったが、そ
のいくつかの貴重な例となるものが世界各地の博物館に現在も保管されて
いる。また、西暦800年には、密教として知られるようになった仏教にお
ける特定の宗派がナーランダーから北はチベットのラサ、そして敦煌やモ
ンゴル地域に至るまで伝播した。シルクロードとこの北側のルートの分岐
点に位置する敦煌では、仏教の拡大に関する非常に貴重な物品や歴史的資

料が現在も発見され、保存されている。

　アジアを舞台に仏教が広がりを見せたこの時代には、仏教についての解釈や思想が盛んに行われ、その教えが各地の肥沃な大地に確実に根を張るようになり、またそれはごく近年まで続いた。しかし、そうした状況があってもなお、ある有名な僧侶のパドマサンバヴァは西暦800年に以下のように予言したのであった。

　　　鉄の鳥が空を飛び、車輪を付けた馬が駆け巡る時、チベットの人々は世界中へ蟻のように散り散りとなり、ダルマは赤い人の土地に渡るであろう。

　チベットの人々が方々に散り、仏教の教えを広める新たな波となって確実に行き渡ることとなった（Bhikkhuni Ayya Khema 1991）。現在に至っては、仏教はオーストラリアで最も急速に成長した宗教の1つであり、そうした実態についてオーストラリア統計局は以下のように記している。

　　　ヒンドゥ教、シーク教、イスラーム、そして仏教などのすべての宗教が次第に一般的な宗教的信仰となることをもって、オーストラリアはますます宗教的多様性の物語を織りなすこととなる。（Australian Bureau of Statistics 2017）

　Croucher（1989）は、1848年から1988年までのオーストラリアにおける仏教の歴史を辿り、オーストラリアには東南アジアから移入した仏教徒コミュニティが存在する一方で、アジアへと旅をして仏教を持ち帰ったオーストラリア人も相当数いることを指摘している。そして、たとえそれが文化的文脈ではないにしろ、少なくとも仏教の哲学的形態やダルマ（法）の形態の数々がオーストラリアへと持ち込まれたとしている。

　「鉄の鷲が舞う」この時代に、その中核的な教えが過去2500年間もの間、

長らく同じ形で維持されてきたということは驚嘆に値する。同種の戒律や五戒、またそれらの基盤である四諦を内包する上座部仏教、大乗仏教、そして密教に共通するカリキュラム的要素のなかに、知恵の獲得の実践に対する教授学的伝達経路を見出すことができる。さらに、八正道とはその指導カリキュラムであり、同時に仏典に関する経書の使用法も存在する。なお、伝統や土着の哲学的傾向によって多少の差異はあるが、ここで言う仏典とは三蔵（経蔵・律蔵・論蔵）を指す。

3．理論的・概念的見解

　本稿における理論的・概念的見解は、仏教学と教育学—特に教師教育の分野—、そして知識の社会学を交差する領域の理論家の言説を参考にする。かつ、時を超えて—特に家族や宗教的機関、そして学校などに導かれて—織りなされる合理化と再生産のメカニズムによって知恵を生産または再生産することに関する理論を参照する。

　また、仮説的に、時間と空間を超えた伝達性を持つ仏教の教育方法と仏教哲学には、延々と持続される要素が存在しているという点を第1の主張とする。加えて、新たな開拓地で肥沃な大地を求めるために「順応的にバランスを取る」過程を支えてきたその他の要素が存在するという点を第2の主張とする。

4．研究のアプローチ

　本稿は、インドや東南アジア諸地域、オーストラリアで筆者が過去25年間にわたって取り組んできた数多くの小規模な研究プロジェクトの成果を含め、仏教教育についての縦断的研究から得られた知見に基づいている。また、四諦のなかで知恵の獲得がどのように説かれているのかを記述し、解釈するものである。そのための研究の問いは以下の通り設定する。

a）八正道をフォーマルな学校教育に置き換えるために使用されてきたペダゴジーとは何か。

b）学校教育においてダルマの捉え方と理解はどのような方法で伝達されるのか。

c）学校文化や、教授と学習に対するアプローチに仏教が与えてきた影響はどのようなものであったのか。そしてダルマに導かれる学校教育や高等教育での指導に必要とされる専門的知識はいかにして発展してきたのか。

　本研究は、教育学（Cohen & Manion 1994; Merriam 1998）と社会学（Miles & Huberman 1994; Silverman 2000; Strauss & Corbin 1990）の両方の先行研究を参照する。そのため、時には従来の質的解釈を施す帰納的方法を、そして時には研究のアプローチや手法としてのケーススタディーを用い（Stake 1994, 1995; Tellis 1997; Yin 2009）、さらには参加型アクションリサーチの原理をも参考としている（PAR, Wadsworth 1998）。

　また、本研究の背景として、筆者は仏教学校やコミュニティ創生、そしてダルマに関する寺院の教えや学びなどの事例が現在でも見受けられる数多くの地域にて、そのカリキュラムや教材に関連した広範な資料とコンテンツを分析した。対象地域はインド、タイ、スリランカ、オーストラリア、日本、そして中国における仏教のアジア圏での中核地と、オーストラリア、イギリス、アメリカにおける新興地域である。加えて、筆者は寺院や大学、そして学校で僧伽や信徒教師たちにインタビュー調査を実施している。

　これら収集したデータを分析するにあたっては、テーマ分析の手法を用いている。Mayring（2000）が記した質的コンテンツ分析の技法を漸次的に用いることで、データ分析に構造主義的パラダイムを組み入れている（Neuman 2011）。コンテンツ分析は、規則的かつ組織的な文献の分析を可能にするものである。なお、本研究では、三蔵（経蔵・律蔵・論蔵）をコ

ンテンツ分析の対象としている。確かに、伝統的慣習や追加的または広域的な内容を取り込んだ土着の記録資料の数々やウェブ資料、そして仏教の指針やカリキュラムに関する資料などによれば、この三種の籠ないし三蔵に含まれる３つの経典には多用な解釈がなされているものの、本研究では前述の経蔵・律蔵・論蔵を三種の籠として扱うこととする。

　これらのデータや資料をさらに深く調査するために、筆者はダルマに関する教授や学習における様々な事例のすべてを Word ドキュメントの形式で収集し、Leximancer を使用して分析している。なお、Leximancer はコンピューター処理によるコンテンツ分析を実行することで、単なるキーワード探知に留まらない分析を可能にするソフトウェアツールである（Poser, Guenther, & Orlitzky 2012; Smith & Humphreys 2006, p. 262）。同ソフトウェアを用いることで、選び出されたデータの意味上かつ文脈的な構造の分析が可能となる。したがって筆者は、より古代的な教授様式との比較から、近代の仏教世界でいかにして知恵が獲得されるのかということや、仏教思想についての教えが先述の様々なデータのなかにいかに位置づけられているのかということに関して、意味論上の文脈をもった知見を得るに至った。なおこの場合、概念上関連する要素については、テーマごとに分類されている。スミスらが述べる通り、「Leximancer は、収集された文献資料の内容を分析するため、および抽出された情報を可視化して表示するために使用され得るテキスト分析ツールである。つまり、テキストに内在する主要概念のみでなく、それらの関連性に関する情報をも表現することで、資料の鳥瞰的見方を提供する概念マップを用いた情報が表出されるのである」（Smith & Leximancer 2018, p. 3）。

　デイルズフォード・ダルマ・スクールの創立以来、過去10年間にわたる筆者と同スクールの研究協力において、オーストラリアにおける仏教教育のプロジェクトに関する研究結果の分析をするため、筆者はケーススタディー・アプローチを用いてきた（Ma Rhea 2012）。主な調査対象者は、同スクールの学長[3]であり、かつ自身も長きにわたる仏教修行者ない

し四等官であるヘールカ（Heruka）と、同様に長期的に仏教修行を行っているテルマ（Thelma）、さらに仏教徒ではないエヴァ（Eva）とハーヴィー（Harvey）の4名である。ヘールカとエヴァ、ハーヴィーは比較的新任の教師である。テルマはメインストリームにおいて実際に教鞭をとっていた経験を持つ。また、将来的に自身も保護者の立場になり得るであろう臨時雇用教師や、学校経営スタッフ1名、そして委員会構成員1名も、学校とその発展に関する様々な見地についてのグループディスカッションに加わったり、個人的な意見を提供した。

この研究における主要な研究課題は以下の通りである。

　オーストラリアのダルマ・スクールで勤務するメインストリームに出自を持つ教師が直面する職業上の困難とは何か。

また、この研究課題の下位項目として2つの問いを設定した。

―オーストラリアにおいて「ダルマ・スクール」として存在することは何を意味するのか。
―ダルマ主導の学校としてのニーズに対応するため、メインストリームに出自を持つ教師は教育的アプローチや教授方法、カリキュラムの開発に関し、いかなる調整を行っているのか。

その上でフォーカスグループに対するインタビューと教育スタッフへの個人インタビューを行った。さらに、授業観察やトーク[4]とワークショップ[5]に参与観察者として参加した。データの分析は、Strauss & Corbin（1990）によって開発された技法を漸次的に使用するとともに、インタビューデータと授業観察ノートの予備的分析についてはSaldaña（2009）とRichards（2009）に基づいて3つの段階を踏んだ。ここ示す分析の3段階とはつまり、第1段階として主要テーマを書き出しつつ、オープン・コーディングと軸

足コーディングの技法を用い、第2段階目に主要テーマのクラスター分析を踏まえたのちに、第3段階目で前段階で得た結果をキャップストーン分析により研究の問いに迫るというものである。さらに、インタビュー対象者のプライバシーと匿名性の保護を担保した上で、この3段階を踏まえた分析結果をグループ化した。この一連の分析から、前述した研究課題とその下位項目の問いに対する一貫した実証分析結果を見出すことができた。

5．研究の結果と示唆

　アジアで実践される仏教においては、僧侶や信徒教師の区別にかかわらず教育者たる者にとって、アッタンギカ・マッガ（八正道）が、彼／女ら自身の「熟練した方便（パヴィーナ・ウパーヤ）」、つまり教授における熟達した手法を発展させるための指針となっていることがわかった。そのため、現代における教師教育者や教師を指導する際に有用な仏教のペダゴジーのアプローチとして存在する熟練した方便の考え方について調査することにした。この考えは、教師教育者や教師が自身のペダゴジーをすべての学生のニーズにうまく適用させるために取るべきアプローチに焦点を当てている。このアプローチは、パーリ語でパンヤ（Pañña）と呼ばれる知恵を学生のなかに芽生えさせるのに必要な要素を獲得するために踏まえられるものである。一方で、Conzeはこれに対し少々異なった見解を示しており、熟練した方便を「手法におけるスキル」として解釈しているのである（Conze 1957, p. 128）。言い換えれば「熟達した手法」とする一般的な解釈は、教える側の習熟性とそのスキル自体の巧みさ両方に焦点を置いているのに対して、彼の解釈はスキルというものは教える上での手法に内在するとしている点で、わずかに差異が生じているのである。確かに、いくつかの文脈においてはConzeの解釈の有用性は認められるが、本稿においては熟練した方便の捉え方に対するアプローチとして前者に則ることとする。

インドやアジアなど伝統的には熟練した方便を発展させるために用いられる仏教のペダゴジーの数々は、僧侶や尼僧によってその後継者に伝承されてきた。彼／女らの手法は、シラ（戒）、サマーディ（定）、そしてヴィパッサーナ（洞察）、つまり英語で言うところの mortality（死）、concentration（精神集中）、そして insight understanding（洞察的理解）における領域の発展を支えるべくデザインされている。これらの領域における実践を発展させることで、その発展が知識への到達を実現するほどにバランスを得た際に、パーリ語で示すところのパンヤ（Pañña）、つまり知恵の芽生えが成就するだろうと理解された。しかし、僧侶や尼僧、教師教育者、そして教師がいかにしてこうしたプロセスに取り組むのかという点についてはほどんど着目されてこなかった。対照的にアジアやオーストラリアを含む西洋からの影響を受けた世界では、教師教育の大半が学生中心かつ結果主義的な学習に焦点が置かれているのである。

　この分析は、筆者の第1の主張である時間や空間を超えて継承されてきた仏教のペダゴジーと哲学の永続的な要素が存在することを実証している。つまり、ペダゴジー上の共通要素は、道徳的倫理（Sila）の発展、洞察的・批判的思考（Vipassana）、そして精神集中（Samadhi）のバランスを維持する全体論的なアプローチを含んでいるのである。それは経験を通した学び（洞察力）、テキストの記憶と反復、思考を整理し記憶を支えるための数字の使用、精通した物事に関する直喩表現の使用、教師からの説教的かつ口述的な伝達、そして問答形式の使用などに言い換えられる。さらに、カリキュラム上の共通要素には、同種律と五戒、そして彼／女らの基盤である四諦が含まれ、これには指導のためのカリキュラムである八正道や、三種の籠・三藏（経蔵・律蔵・論蔵）の仏典に関する経典の使用が該当する。

　そして第二の主張は、新たな土地それぞれにおいて肥沃な大地を見出すために順応的にバランスを取る過程を支えてきたその他の要素の数々が存在するという点であった。これについては仏教がオーストラリアへ流入し根付いた過程に関する綿密な調査から次のことがわかった。まず、オース

トラリアへ移住した仏教徒は彼／女らの出身国で行われている仏教教育の方法を厳格に保っていること、次に、寺院と学校の両方における仏教教育において、オーストラリアの文化に適応した出現形式が存在することである。僧侶たちがどこで養成されたかにもよるが、彼／女らによって実践されるペダゴジーとカリキュラムへのアプローチに関する分析から、以上のことが明らかになった。

　総括として、仏教の古代哲学の数々は現代世界においても意味あるものであり続け、さらに現代の寺院や学校、そして大学において肥沃な大地を見出し続けているのである。たとえ仏教教育が現地の言語や必要条件、そして利益に適応したとしてもなお、仏教の中核的な普遍性における一貫性の持続を保証することこそが、これらの機関に課された課題であると言えよう。

〈謝辞〉

　オーストラリア政府アジア研究奨学金（1994-1996）をはじめ、このプロジェクトに対する過去20年以上に渡る経済的支援に感謝致します。オーストラリア近隣国との連動を促す同国の取り組みに私が貢献するとの期待をかけ、タイでの博士号取得をも支援してくださいました。

　また、教師教育の分野における上座部仏教的ペダゴジーのタイ―オーストラリア間の移行性に関する研究を支援してくださった Phayon Thong-hau Eiamlapa 奨学金（2017年・2018年）に深く御礼申し上げます。

　そして、モナシュ大学教育学部にも、このプログラムに対する経済的支援に感謝の意を表します。

【注】
1) 筆者は、全体的に上座部仏教（Theravada）の専門用語とパーリ語の綴りを用いている。日本語の対訳については、翻訳者によって付け加えられるものとする。

2）このプロジェクトは、「大学と賢い未来（Universities and Wise Futures）」の題目で1993年度フリンダース大学倫理審査に、また「オーストラリアの仏教系普通学校の教育―ヴィクトリア州における仏教学校の発展に関するケーススタディー――（Buddhist mainstream schooling in Australia: A case study of the development of a Buddhist school in Victoria）」の題目においてモナシュ大学倫理委員会［CF11/0559 – 2011000237］により承認されている。

3）本稿では、承諾を得た上で学長をその役職名にて特定しているが、その他の調査対象者に関してはすべて仮名を使用している。

4）研究チームと研究スタッフは、2011年にメルボルンで行われたダライ・ラマ14世の一連の講演会に出席した。

5）研究チームと研究スタッフは、パム・ケイトン（Pam Cayton）が開催したワークショップ「慈悲的な文化を創造する（Creating Compassionate Cultures）」に参加した。

【引用・参考文献】

Australian Bureau of Statistics. (2017) *2016 Census: Religion.* Retrieved December 15 2020 from Australian Bureau of Statistics.
https://www.abs.gov.au/AUSSTATS/abs@.nsf/mediareleasesbyReleaseDate/7E65A1 44540551D7CA258148000E2B85

Ayya Khema Bhikkuni. (1991) *When the Iron Eagle Flies: Buddhism For The West.* London, UK: Arkana.

Buddhadatta, M. (1958) *Concise Pali-English Dictionary* (Second ed.). Singapore: Singapore Buddhist Meditation Centre.

Buddhadatta, M. (1979) *English-Pali Dictionary.* London, UK: Pali Text Society.

Congress, T. L. o. (Producer) (2016) ALA-LC Romanization Tables: Thai. Retrieved from http://www.loc.gov/catdir/cpso/romanization/thai.pdf

Cohen, L., & Manion, L. (1994) *Research Methodsin Education* (4th ed.). London, UK: Routledge.

Conze, E. (1957) *Buddhism: Its Essence and Development* (Third Ed.). London and Oxford, UK: Lowe & Brydone Ltd and Bruno Cassirer Ltd.

Croucher, P. (1989) *Buddhism in Australia, 1848-1988.* New South Wales University Press.

Haas, M. R. (Ed.) (1964) *Thai Dictionary.* Stanford, CA, USA: Stanford University Press.

Ma Rhea, Z. (2012) Mindful Teaching: Laying the Dharma Foundations for Buddhist Education in Australia. *International Education Journal*; Comparative Perspectives, 11 (1) , 35-51.

Mayring, P. (2000) *Qualitative Content Analysis, Forum: Qualitative Social Research*, 1, Article Number: 20. http://www.qualitative- research.net/index.php/fqs/article/view/1089/2385

Merriam, S.B. (1998) *Qualitative Research and Case Study Applications in Education*. San Francisco, USA: Jossey-Bass Publishers.

Miles, M. B., & Huberman, A. M. (1994) *Qualitative data analysis: An expanded sourcebook* (*2nd ed.*) . Thousand Oaks, CA, USA: Sage.

Neuman, W.L. (2011) *Social Research Methods: Qualitative and Quantitative Approaches*. 7th Edition, Boston, USA: Pearson.

Nyanatiloka, M. (1981) *The Word of the Buddha* (Sixteenth ed.) . Kandy, Ceylon: Buddhist Publication Society.

Nyanatiloka, M. (1982) *Path to Deliverance* (Fourth ed.) . Kandy, Sri Lanka: Buddhist Publication Society.

Nyanatiloka, V. (1988) *Buddhist dictionary: Manual of buddhist terms and doctrine.* (*Fourth edition, reprinted*) . Kandy, Sri Lanka: Buddhist Publication Society.

Pawphicit, K. (Ed.) (2534BE) . Bangkok, Thailand: Thai Watana Panich.

Poser, C., Guenther, E. & Orlitzky, M. (2012) Shades of green: using computer-aided qualitative data analysis to explore different aspects of corporate environmental performance. *International Journal for Theoretical and Applied Statistics*, 22 (4) 413- 450

Rajapandit. (Ed.) (2537BE) *Thai Dictionary* (Fifth ed.) . Bangkok, Thailand.

Richards, L. (2009) *Handling Qualitative Data: A Practical Guide*. Thousand Oaks, CA, USA: Sage.

Saldaña, J. (2009) *The coding manual for qualitative researchers*. Thousand Oaks, CA, USA: Sage.

Silverman, D. (2000) *Doing Qualitative Research*. Thousand Oaks, CA, USA: Sage.

Smith, A, E. & Humphreys, M, S. (2006) Evaluation of unsupervised semantic mapping of natural language with Leximancer concept mapping. *Behavior Research Methods*. 38 (2) , 262–279

Smith, A. E., & Leximancer. (2018) *Leximancer User Guide 4.5*. Leximancer manual version 4.5. Retrieved April 7, 2021, from https://info.leximancer.

com/tutorial-guides Stake, R.E. (1994) Case Studies. In: Denzin, N.K. and Lincoln, Y.S., Eds., *Handbook of Qualitative Research*. Thousand Oaks, CA, USA: Sage, 236-247.

Stake, R. (1995) *The art of case study research* (pp. 49-68) . Thousand Oaks, CA, USA: Sage

Strauss, A., & Corbin, J. M. (1990) *Basics of qualitative research: Grounded theory procedures and techniques*. Thousand Oaks, CA, USA: Sage.

Tellis, W. (1997) *Introduction to Case Study [68 paragraphs]*. The Qualitative Report, 3. http://www.nova.edu/ssss/QR/QR3-2/tellis1.html

Wadsworth, Y. (1998) *What is Participatory Action Research*? Action Research International, Paper 2.

Wang, V., & King, K. P. (2006) Understanding Mezirow's theory of reflectivity from Confucian perspectives: A model and perspective. *Radical Pedagogy*, 8 (1), 1-17.

Yin, R. K. (2009) *Case study research: Design and methods (4th Ed.)* . Thousand Oaks, CA, USA: Sage.

第9章

教育活動としての真宗開教の可能性
アメリカ仏教の現状と課題を踏まえて

マイケル・コンウェイ

1. はじめに

　アメリカ合衆国の設立から間もない頃に「東洋の神秘」に注目し、精神生活の探求を試みた文学者のエマーソンやソロウに端を発して、仏教を始めとする東洋の宗教思想が、アメリカ社会の広範囲において150年ほど、好感を持たれ、キリスト教の抱える諸問題を超え得る宗教的思想体系として現在も憧れの対象となっている（Fields 1981, Tweed 1992）。

　1893年にシカゴで開催された世界宗教者会議では日本仏教とアメリカの宗教者との本格的な交流が始まった（Snodgrass 2003）。それをきっかけに鈴木大拙がイリノイ州で、ポール・カラスのオープンコート出版で修業し、1950年代に再び渡米し、禅ブームを引き起こした。それ以降アメリカ社会の広範囲では、「禅」という言葉が「仏教」とほぼ同義語として使われるようになった（Fields 1981, pp. 135-140, 195-224）。

　鈴木が禅の唱導をしていた一方、1898年の設立から1950年までの間に

日本から移住した移民のコミュニティを中心に、Buddhist Churches of America（BCA：米国仏教教団）が成長し、約60軒の寺院が設立された。その長い歴史を通して、白人仏教徒と交流を持ちつつ、BCA の寺院のほとんどは日系コミュニティのためだけの場となり、1990年代まではアメリカの一般社会における仏教に関心を持つ者が積極的に参加し得る場とはならなかった（Kashima 1977）。加えて、戦後には東南アジアおよび中国、台湾からの移民がアメリカでは多くなり、BCA と同様に移民中心の寺院組織が構築されてきた（Seager 1999, pp. 136-181）。

　鈴木などの禅の勧めを受けて、仏教の求道者となったアメリカ人の多くは、これらの移民向け寺院とは別組織で設立された曹洞宗や臨済宗の禅センター、およびチベット仏教や東南アジアの上座部仏教の布教の拠点として 1970年代から 1980年代にかけて設立されたメディテーションセンターに足を運び、仏教信者の道を歩んでいた（Seager 1999, pp. 90-157; Morreale 1988）。

　このように、アメリカにおける仏教には概ね仏教国からの移民の設立による仏教寺院と、他の宗教的ルーツを持つアメリカ人改宗者向けのメディテーションセンターという二大潮流があり、設立の経緯と目的が大いに異なっているが、両者とも現在、直面している課題はほぼ同様である。いずれも、世俗化の波に押されて次世代の参加者の確保および次世代への継承が重要な問題となっており、21世紀の新しい宗教参画モデルへの対応がいずれの組織にとっても急務となっている。

　本論において特に真宗教団の現状と将来の可能性について重点を置くが、アメリカ仏教における現状と課題を広く共有するために、第2節において近年の英文研究および世論調査のデータを紹介しつつ、アメリカ仏教の現状について報告し、寺院運営上の問題を紹介する。第3節において、仏教教団が直面している問題の原因について考察を加える。そして最後に真宗教団が、現代に合った形でアメリカにおいて仏教に対して好感を持っている人に対してどのように接近できるかについて簡単に提言してみたい。

2．アメリカにおける仏教の現状──盛況から停滞、または衰退へ

　冒頭でも述べたように、仏教はアメリカ社会の広範囲では非常に高く評価され、好感を持たれている。そして多くの人は仏教の思想および実践法に関心を持ち、積極的にそれに取り組んでいる。しかしその多くは必ずしも特定の教団組織に所属しておらず、定期的に寺院およびメディテーションセンターに足を運んでいない（Williams and Queen 1999, pp. 71-90, Prebish and Baumann 2002, pp. 17-29）。よって仏教に対する幅広い好感は決してアメリカにおける仏教教団の繁盛につながっていないので、1990年代にアメリカ社会の広い範囲で急成長を遂げたにもかかわらず、近年において停滞もしくは衰退の時期を迎えている。本節において、アメリカ仏教のこうした現状について簡単に紹介していきたい。

　1970年代から、アメリカの仏教について多くの書物が英文で著されてきた（Layman 1976; Fields 1981; Tweed 1992; Rapaport 1998; Prebish and Tanaka 1998; Seager 1999; Williams and Queen 1999; Prebish and Baumann 2002, 和文でもタナカ 2010 がある）。具体的な歴史および思想的背景、または歴史的展開についての詳細はそれらの成果に譲って、限られた紙幅に合わせるためにここでは非常に大まかなことのみに言及する。

　アメリカにおける仏教のイメージは、19世紀の後半からアジアの仏教徒が意識的に白人社会の期待と価値観に合わせた言説を提示したことによって、さらに白人の知識人が仏教聖典に対して意図的に自らの価値観に合った取捨選択を行うことによって作り出されてきた（Fields 1981; Tweed 1992; Prothero 1996; Prebish and Baumann 2002, pp. 218-222; Prebish and Tanaka 1998, pp. 183-195）。その意味において、そのイメージはステレオタイプに過ぎないが、非常に広く共有されているものではあるので、本稿でも紹介しなければならない。先ず、仏教は迷信に頼らない理性的宗教とし

て広く受け止められている。次に、非戦が仏教の主要な教義の一つである
と考えられている。最後に、仏教徒が、瞑想に打ち込むことによって負の
感情を克服し、精神的安定と平安を得ることができることも広く信じられ
ている。

　そのようなイメージに惹かれて、仏教に関心を持ち、仏教徒となるもの
は少なくないが、仏教徒と自称しても、彼等の仏教教団への参画は多様で
ある。アメリカ仏教の歴史と現状について詳細な研究を発表してきたトマ
ス・ツイードはアメリカにおける仏教徒の宗教参画の多様性について指摘
し、ピュー研究所の調査結果でアメリカの人口の 0.7％が仏教徒と回答し
ている（https://www.pewforum.org/2015/05/12/americas-changing-religious-
landscape/）からと言って、その全員が寺院とメディテーションセンター
のメンバーであるということを意味しないことに注意を喚起している。ツ
イードの研究によれば、そのような仏教教団の一員となる仏教徒に加えて、
「仏教共感者」と「自称仏教徒」がアメリカの仏教人口のかなりの割合を
占めている（Williams and Queen 1999, pp. 71-90）。

　仏教教団の組織は大別して、概ね二種類ある。一つはアジア諸国からの
移民コミュニティの設立による仏教寺院であり、そしてもう一つは他宗教
からの改宗者を中心としたメディテーションセンターである（Prebish and
Baumann 2002, pp. 106-119; Seager 1999）。

　アメリカは移民大国であるから、1840年代から、中国、東南アジア、韓
国、日本、スリランカなど、仏教が主要な宗教となっている国から多くの
人が移住している。これらの国々から移民した者の定住が決まるにつれて、
本国から僧侶を招聘し、仏教寺院を建立する形で、教団組織ができ上がっ
ていった（Fields 1981, pp. 70-82, 339-357; Seager 1999, pp. 136-181）。

　160年の歴史を一言で言い尽くすことはできないが、移民のコミュニティ
の要請と資金によって建てられた寺院からは、そのコミュニティの構成
員がアメリカ社会で暮らすに際して、いくつかの役割が求められてきた[1]。
一世にとって寺院は異国の地で厳しい生活を送っていく中で精神的な支え

となる教えを提供する場であるとともに、本国の仲間と交流し憩うことのできる場でもあった。そしてさらに二世にとっては自国の伝統文化、言語、または価値観を伝授する教育の貴重な場ともなった。三世にとっても、ルーツとなる国の文化や宗教思想を知るとともに、似たような文化的背景で育てられた仲間と集う場として機能していたが、一世と二世と比べて、寺院に定期的に通う動機付けが不鮮明になっている。また、現在、三世の子ども（四世）は、ちょうど子ども（五世）をもうける年齢になってきているが、その多くは日系コミュニティ内で結婚していない。彼らは宗教離れが進んでいるアメリカ社会のなかで、異なった宗教的、民族的背景を持つ人と家庭生活を営んでいるので、寺院の必要性が親の世代よりも見えにくいものになっている[2]。台湾、東南アジア、韓国、スリランカからの移住は主に第二次世界大戦の後に起こったので、三世、四世が生まれていないため、はっきりしたことは言えないが、概ねその国々から移民した人々によって設立された寺院も同様に、世代ごとに似たような役割を期待されていると考えられる。

　アメリカ人改宗者がメンバーの中心となっているメディテーションセンターの設立背景も、かけられている期待も異なるが、宗教離れが進む中で、次世代の定着と育成が大きな課題となっている。戦前からも、アメリカの知識人層によって仏教はある程度、注目されていたが、1950年代と1960年代には、鈴木大拙を始めとして、日本、チベット、ベトナム、ビルマなどから多くの仏教唱道者が来米し、かなりの知名度を得て、キリスト教を軸としたアメリカ社会の価値観に疑問を持ち始めた若年層に人気を呼んだ（Fields 1981, pp. 195-357; Layman 1976, pp. 27-185）。ビート世代からヒッピー世代へと移り変わる中で、これらの「禅師」はカウンターカルチャーのなかで多大な影響を及ぼすようになり（Layman 1976, p. 282）、そのもとで学んだアメリカ人は1970年代と1980年代を通じて、全国にメディテーションセンターを数多く設立していった（Seager 1999, pp. 90-157）。1988年に刊行された *Buddhist America: Centers, Retreats, Practices* には、375軒のメディ

テーションセンターがリストアップされている（Morreale 1988）。これら
の施設に期待されている役割は、言うまでもなく、瞑想法を伝授し、その
瞑想法によって通っている人々に精神的な平安と安定を与えることである。
　ツイードの研究によれば、これらの施設に通い、メンバーとして参加す
る以外に、仏教の「共感者」と「自称仏教徒」もいるということを見逃し
てはならない。ツイードはこの人々を「ナイトスタンド仏教徒」と呼び、
次のように定義している。

　　彼等は座禅を組んだり、仏教系の雑誌を購読したり、仏教的伝統につ
　いての本を読んだりするかもしれないし、仏教のセンターのホームペー
　ジを見たり、オンラインのディスカッショングループに参加したりする
　かもしれない。彼等もまた意図的に自分の家を仏教と関係のあるもので
　飾るかもしれない。よって、ナイトスタンド仏教徒は、ベッドの隣の台（ナ
　イトスタンド）に仏教の瞑想法を説明している本（例えばフィリップ・カッ
　プルーの *The Three Pillars of Zen*）を置き、寝る前にそれを読み、そして
　次の日の朝に起きたときに不完全でためらいながらも前夜で学んだこと
　を実践する人である。（Williams and Queen 1999, pp. 76-77）

　ツイードは、これらの「ナイトスタンド仏教徒」のなかでは、仏教の教
団組織に一切、所属せず、時にはキリスト教の教会に通いながらも仏教関
連の書物から感化を受け、「私は仏教徒です」と主張する「自称仏教徒」
が多数含まれていると論じている（Williams and Queen 1999, p. 81）。これ
から紹介する世論調査のデータには、こういう多様な仏教徒が含まれてい
ることは念頭に置く必要がある。
　ピュー研究所はアメリカの世論調査を数多く行い、結果を公開している
（https://www.pewresearch.org/）。2007年と2014年に宗教の参画と生活
に関する同じ内容の質問を約35,000人のアメリカ人に対して電話調査で
訊ね、その調査から得られたデータをネット上で公表している（https://

www.pewforum.org/2015/05/12/americas-changing-religious-landscape/)。　最も顕著な結果として、アメリカのキリスト教徒の人口が7.8％も急激に減っていることが報告されている。その７年間で「無宗教だ」と回答した人は6.7％増えたが、「仏教徒だ」と答えた者は、0.7％と横ばい状態になっていた。より小規模な調査で得られたデータは2019年に発表され、それまでに「キリスト教徒だ」と回答した者がさらに５％減り、「無宗教」の回答率はまた４％増えただけではなく、定期的に宗教施設に通っていると回答する人の数も激減していると報告している（https://www.pewforum.org/2019/10/17/in-u-s-decline-of-christianity-continues-at-rapid-pace/)。この新しいデータから仏教徒の数について正確に把握することは難しいが、増加は一切認められず、横ばい傾向が2010年代の後半でも続いていたように見受けられる。2007年から2019年の間には、キリスト教徒が13％近く減ったということに比べて、変動がないということは仏教の強みを物語っていることと受け止めることもできるが、成長がないということは、キリスト教から離れて無宗教となった人数が仏教徒となった人数を遥かに上回っていることも同時に意味している。そこからは近年の仏教教団が停滞していると言わざるを得ない。

　2014年の調査から、アメリカの仏教徒の現状について何が見えるだろうか。「仏教徒だ」と回答した人の他の答えは丁寧に整理されている（https://www.pewforum.org/religious-landscape-study/religious-tradition/buddhist/)ので、そこから見える仏教徒像について何点か、紹介したい。人種別で見ると、アジア系の仏教徒はその総数の33％で、白人は44％、黒人３％、中南米系12％、その他８％となっているので、改宗者はアメリカの仏教徒人口の約６割を占めていることになる。また、33％は宗教が自分の生活のなかでとても重要、39％は重要と回答したから、アメリカ人の仏教徒の多くは真面目な宗教者と考えてよい。その真面目さは特に瞑想の実践に現れており、仏教徒と答えた人の３分の２は、少なくとも週１回瞑想をしている。しかし瞑想はするものの、あまり勉強しないようで、仏教徒と答えた

58%の人は聖典を読む勉強会に参加しないと回答し、53%は聖典を読むことがほとんどないと回答した。また、寺院の法要などに参列することが少なく、3割はほとんど寺院での勤行に参加しないと回答し、半分は「月に1、2回、または年に数回」と回答している。

　また、アメリカの仏教徒は若い。3分の2は50歳以下で、回答者の34%は18歳から29歳の間である。この年齢の配分を見ると、仏教の未来は明るいように感じられるかもしれないが、アメリカにおける仏教教団によって運営されている寺院やセンターの運営に関わっている人の話に耳を傾けると、実はそうではない。若年層の仏教徒のほとんどは恐らく、ツイードが言う「自称仏教徒」であるからだと考えられる。

　移民のコミュニティを中心に建立された寺院では穏やかなメンバー数の減少が1970年代から続いている（Kashima 1977, 1990; Prebish and Tanaka 1998, p. 40; Tanabe 2005, p. 77）。それに伴い、寺院の経済基盤が軟弱となり、駐在開教使を雇うほどの財力のある寺院は年々、減っている。アメリカ生まれの若い人々と本国との間に言葉の壁が立ちはだかり、英語のみによる僧侶の育成が困難のため、アメリカ出身の次世代の僧侶がほとんど生まれてこないのみならず、アメリカの排他的移民法などによって本国からの僧侶の派遣が困難となっている[3]。

　メディテーションセンターは、新しいメンバーの確保と次世代の指導者の育成に関して同様の困難をかかえている。座禅を組むことは決して楽ではないので、瞑想をしようと考えメディテーションセンターに通い始めた多くの人は1年以内に去っていき、センターにメンバーとして残る者はほんのわずかである。一説によれば、メディテーションセンターの門をくぐった者の内、4人に1人しか1年以上、通い続けない（Layman 1976, p. 30）。他の3人が去っていくので、新しいメンバーの定着が大きな課題となっている。また、アジア出身のカリスマ禅師の薫陶を受けた最初の世代の指導者はほとんど亡くなっている。彼等が育てた指導者が今、各教団やセンター組織の運営に当たっているが、アメリカの文化に合わせた育成プログラム

や研修課程の制定の必要性が広く認められている（Layman 1976, pp. 78-79;
Seager 1999, pp. 232-248; Prebish and Baumann 2002, pp. 245-306; Prebish and
Tanaka 1998, pp. 49-78; Groner 2014, pp. 38-44）ものの、300軒を超える施設
のなかで、かなりの多様性が生まれ、すべてが適切に機能しているとは言
い難い。また、1990年代から2000年代にかけて、メディテーションセンター
の創設に関わった方々の不祥事が相次いで発覚し（Prebish and Baumann
2002, pp. 230-241）、さらに第二次世界大戦における禅宗の積極的関与が取
り上げられ（Victoria 1997）、冒頭で紹介した仏教のイメージが崩れつつある。

　このように見ていくと、アメリカにおける仏教は1990年代に一つの盛
況を見せたものの、2000年代に入ってからは、停滞、もしくは穏やかな衰
退に陥っていると言えよう。若者のなかでは、「自称仏教徒」が多くいる
が、瞑想に真面目に取り組んでいても、寺院やメディテーションセンター
には足を運ばずに、仏教教団組織に関わりを持っていない。また、仏教の
広い好感に基づいて関心を持って寺院やメディテーションセンターに通い
始めた人々の多くは、望んでいるものが得られず去ってしまい、恐らく急
増している「無宗教者」の一人として自分を数えるようになっている。そ
こで、移民コミュニティを中心とした寺院も、改宗者を中心としたメディ
テーションセンターも、先行きが不透明で、今の指導者とメンバーからさ
らに世代交代が必要となる10年、20年後の存続が大いに危ぶまれる。次
節において、その共通する課題について考察を加えたい。

3.　アメリカの仏教教団が直面している課題

　前節で示した課題を一言で表現すると、「一般的な好感をいかに所属に
つなげることができるか」という問いになるであろう。アメリカ社会では、
仏教はキリスト教に充分に代わり得る、より現代的な発想に合う宗教体系
として広く知られている。そして仏教の思想、または瞑想から得られると
される安心感や精神的安定が強い憧れの的となって、多くの人は一度か二

度、もしくは10数回、寺院やメディテーションセンターに足を運んでいる。現在の仏教教団の最大の課題はいかにこの人々に働きかけ、教団との縁をつなぐことができるかということだと考える。

　多くの人がメンバーとして定着しない理由が仏教教団の個々の努力を遥かに超えている社会学的、人口学的力学によるものであると考える。先ず何よりも理由として指摘しなければならないのは「宗教離れ」と「世俗化」である。ヨーロッパ、北米、日本において未曽有の速度で、人々は宗教所属から遠ざかり、宗教施設に関わるメリットが見えないため、そのしがらみやコストを理由に離れて行っている[4]。この宗教離れによって、メンバーが通わなくなり、施設の運用に関わらなくなり、そして施設の維持や専門職の雇用に必要な会費を納めなくなったという理由のため、宗教施設が経済的にも人員的にも困窮することになる。

　このように「宗教離れ」が加速度的に進んでいるが、アメリカでは、人生における宗教の必要性について同じ速さでは意識が変動していない。たとえ定期的に宗教施設に通わなくなったとしても、既存の組織体に頼らない宗教的探求が人生において重要と考える人も少なくはない（https://www.pewforum.org/religious-landscape-study/importance-of-religion-in-ones-life/）。アメリカの書店では、必ず宗教関連の書物が多く置かれているので、アメリカ人の宗教的な関心が消え去っていないことは確かである。したがって「宗教離れ」という現象が示しているのは、宗教的関心の喪失ではなく、現代における宗教参画のあり方の大きな変容を意味していると考えられる。それは20世紀に主流となった参画のあり方から大きく異なっている。

　20世紀の宗教参画モデルは、特定の宗教組織の一員となることを前提とし、「Belonging」（所属）という一言で特徴づけることができる。その近代的宗教参画モデルでは、信徒が、生活圏内に特定の場所で設置されている施設に定期的に通う形で参画していた。さらに労働、物資、貨幣などをその施設と団体に納入することによって施設の維持や運営に資し、その施設を中心とした団体の構成員の地位が与えられていた。20世紀を通じ

て、ほとんどの宗教参画はこのような形態を中心に行われたが、ピュー研究所の調査による（https://www.pewforum.org/2019/10/17/in-u-s-decline-of-christianity-continues-at-rapid-pace/）と、2019年には月1回以上、宗教施設に通うアメリカ人は人口の45％となっており、21世紀に入ってからは右肩下がりとなっている。そして若年層のなかでこの傾向はより強く、18歳から29歳の回答者のなかでは、22％は一切、宗教施設に通わない、42％は多くても年に数回足を運ぶと答えている。このように20世紀に主流だった宗教参画モデルは廃れつつあり、世代交代が進む中できっと教会離れはさらに続くであろう。

　一方、アメリカ人の仏教徒の34％はちょうどこの若年層に当たるが、彼等はインターネットの普及が可能にする新しい宗教参画のモデルによって行動していると考えられる。この参画のあり方には、所属ではなく、ツイードの指摘する「自称」（Self-identifying）がその主要な特徴となっている。この形態の宗教参画において信徒は、特定の宗教施設に定期的に通わず、特定の宗教施設の会費を納入しない。本やネットから情報を仕入れ、その情報に基づいて自身を宗教者と自任する。そしてネット上のコミュニティで情報交換を行い、実践に必要な物を調達する形で、特定の宗教施設に通う必要性を無くし、その維持と運営から解放された宗教活動を展開している。ツイードの「ナイトスタンド仏教徒」の定義はこの現代的宗教参画モデルに非常に合致している。

　現代社会における宗教との関わり方がこのように大きく変動しているが、アメリカ仏教の寺院もメディテーションセンターも近代的宗教参画のモデルを軸に作られ、運営されている施設であるために、若年層をメンバーとして定着させることが困難となっている。そこで現在の停滞状況から脱却するために、いかに近代的宗教参画のモデルから現代的宗教参画のモデルに相応しい組織を構築できるかということが重要な課題となっている。

　また前節で指摘したように、瞑想は必ずしもすぐに精神的安定と平安をもたらすものではないので、仏教の価値観や世界観に関心があっても、瞑

想に挫折して、無宗教に転じていくアメリカ人が大勢いる。しかしながら仏教の思想において、現代人の宗教的ニーズに応えるものは多くあり、瞑想に打ち込まなくても、仏教の聖典に基づく教育活動によって瞑想のできない者にも、精神的安定と平安をもたらすことができると考えられる。そこでアメリカの仏教教団が取り組むべきもう一つの課題として、いかに既存の寺院とメディテーションセンターを仏教の教義と思想を伝授する教育施設に転じることができるかということを挙げることができる。

4．結びにかえて

　与えられた紙幅が尽きてしまったので、最後に浄土真宗の教義内容および歴史的背景が持つ特異性に、アメリカの仏教教団が直面している課題に応答する可能性が潜んでいることを端的に指摘しておきたい。

　真宗の教義には、上記に挙げた課題に他の仏教的伝統より柔軟に対応できる点が二つある。先ず真宗は、戒律の厳守と瞑想の実践を悟りの必須条件としないので、仏教に好感を持っても、瞑想に取り組みたくない人々を布教の対象とすることができる。そして親鸞は自身を「非僧非俗」（親鸞1989, p. 381）と称し、その初期教団において教えを伝えるために僧侶の身分を必ずしも必須条件としなかった。現在、海外において僧侶の育成が困難となっている中で在家者が教育活動を展開することによっても、真宗の教えを伝えることができると考えられる。

　また、真宗大谷派の近代化の過程において、現代的宗教参画モデルにより相応しい組織体はすでに提唱されており、その組織体を海外布教に適応することができると考えられる。1960 年代の前半から、真宗大谷派では「真宗同朋会運動」として、寺院組織に頼らない教化活動網の拡張を目指す組織理念が提示されている。その運動の中核をなす「同朋会」は生活の各場面において有志で小規模な勉強会として定期的に開催されるので、特定の場所にある特定の施設へ通うことを必要とせず、ネット上の開催も充分に

可能である。このような教育活動を通して真宗門徒が第3節で挙げた課題に応答することができる。

　これらの点を踏まえると、真宗の伝統は現在の開教現場のニーズに応えていく資源をすでに有しており、それらを起用すれば、仏教に好感を持つより多くの人が僧俗を問わない「同朋会」の所属者となり得ると考えられる。

【注】

1）Kashima 1977 は日系移民コミュニティにおける西本願寺の開教組織の歴史を詳しく紹介し、その役割を分析している。

2）Tanabe 2005, pp. 96-98 においてこの現象の原因について考察がなされている。

3）筆者は 2010年以来、東西両本願寺の北米とハワイ開教区の運営および僧侶養成に携わる人々から開教区の現状と課題について訊ねる機会を多く持ったが、ほぼ全員はこのような問題があると説明している。

4）前節で紹介したピュー研究所調査結果に加えて、日本について鵜飼 2015、ヨーロッパについて https://www.pewresearch.org/fact-tank/2018/05/29/10-key-findings-about- religion-in-western-europe/ を参照。

【引用・参考文献】

Fields, Rick.（1981）*How the Swans Came to the Lake*. Boulder: Shambhala.

Groner, Paul. "The Eastward Flow of Buddhism and its Waterspouts, Springs, and Countercurrents: Ordination and Precepts." *The Eastern Buddhist*, 45, 1/2, pp. 23-46.

Kashima, Tetsuden.（1977）*Buddhism in America: The Social Organization of an Ethnic Religious Institution*. Westport, CN: Greenwood Press.

Kashima, Tetsuden.（1990）"The Buddhist Churches of America: Challenges for Change in the 21st Century." *Pacific World*, 2nd series, 6, pp. 28-40.

Layman, Emma McCloy.（1976）*Buddhism in America*. Chicago: Nelson-Hall.

Morreale, Don, ed.（1988）*Buddhist America: Centers, Retreats, Practices*. Santa Fe: John Muir Publications.

Prebish, Charles S., and Martin Baumann, eds.（2002）*Westward Dharma: Buddhism beyond Asia*. Berkeley: University of Californian Press.

Prebish, Charles S., and Kenneth K. Tanaka, eds.（1998）*The Faces of Buddhism in America*. Berkeley: University of California Press.

Prothero, Stephen. (1996) *The White Buddhist: The Asian Odyssey of Henry Steel Olcott.* Bloomington: Indiana University Press.

Rapaport, Al, comp. (1998) *Buddhism in America.* Boston: Charles E. Tuttle, Inc.

Seager, Richard Hughes. (1999) *Buddhism in America.* New York: Columbia University Press.

Snodgrass, Judith. (2003) *Presenting Japanese Buddhism to the West: Orientalism, Occidentalism, and the Columbian Exhibition.* Chapel Hill: University of North Carolina Press.

Tweed, Thomas A. (1992) *The American Encounter with Buddhism 1844-1912: Victorian Culture and the Limits of Dissent.* Bloomington: Indiana University Press.

Victoria, Brian. (1997) *Zen at War.* New York: Weatherhill.

Williams, Duncan Ryūken, and Christopher S. Queen. (1999) *American Buddhism: Methods and Findings in Recent Scholarship.* Surrey: Curzon.

鵜飼秀徳 (2015)『寺院消滅─失われる「地方」と「宗教」─』日経BP社。

親鸞 (1989)『定本教行信証』法蔵館。

ケネス・タナカ (2010)『アメリカ仏教─仏教も変わる、アメリカも変わる─』武蔵野大学出版会。

第 **10** 章

日本における教員の働き方改革の現状と課題

TALIS（2018）など国際比較の視点から

岩﨑正吾

1．本研究の目的と意義

　本研究の目的は、「働き方改革推進法」成立（2018年6月29日）前後の日本の教育政策の動向と教員の働き方の現状を踏まえて、アメリカ、イギリス（イングランド）、フィンランドの3カ国を取り上げ日本と比較検討することにより、働き方改革の方向性を探り、改革への示唆を得ることである。日本との比較の対象として上記3カ国を取り上げた理由は、第一に、学校機能が日本と同タイプ（「学校多機能型」）で、教員職務が「曖昧型」の日本と異なっているアメリカ・イギリスの事例（「限定型」）（大杉2017，p.6-7、藤原2018, p.6）が参考になるであろうと考えたこと（図10-1参照）、第二に、「学校機能限定・教員職務限定型」ではあるが、教員の自由裁量の大きさからして明らかにフランス・ドイツとは異なるフィンランドを取り上げ、比較考察してみようとしたことによる。

　当論考では、アメリカ、イギリス、フィンランドの3カ国についてはサ

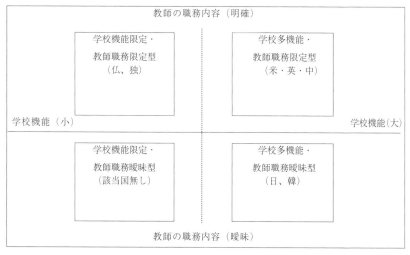

図10-1　諸外国の教職員等指導体制類型
出典：藤原 2018 、p.7 を参照。仏（フランス）、独（ ドイツ）、米（アメリカ合衆国）、
中（中国）、日（日本）、韓（韓国）

ブテーマに関係する部分での言及に留め、国際比較に関しては、主要には
2019年６月に公表された「国際教員指導環境調査」（以下、2018年TALIS）
を利用する。また、日本の現状と課題については、2006年と 2016年の文
部科学省による「教員勤務実態調査」（以下、実態調査）を利用し、2019年
１月25日公表の中央教育審議会最終答申「学校における働き方改革総合方
策」を踏まえつつ、日本における教員の働き方改革の政策動向を探り、「教
員の働き方における日本の現状と課題」について検討することにする。

　教員の働き方に関する日本における先行研究は多岐にわたっている。例
えば、近年のものだけでも、この分野で継続してフォローしている青木
（2010）や神林（2017）の一連の業績がある。これらは日本の教員の業務と
校務運営の実態などについて子細に分析・検討している。日本の教員に特
徴的な部活勤務時間の問題を法律的側面から考察したものに中澤（2017）
がある。また、鈴木（2018）は教員の働き方における健康問題を取り上げ、

教員の精神疾患や過労死などの問題について考察している。給特法[1] と長時間労働の関係については、小川（2017）がその可否について検討している。

　国際比較および外国事例の研究に関しては、日本が初めて参加した2013年第2回TALIS以降、齋藤（2014）、臼杵（2016）などの論文がみられる。日本が参加しなかった2008年TALISにいち早く着目したものに、季刊誌『教育と文化』（国民教育文化総合研究所、第60号、2010）がある。また、外国の事例研究では、大杉（2017）、藤原（2018）、岩﨑・他（2018）などがある。

　当論考はこれらの先行研究を参考にしてはいるが、2019年1月公表の中央教育審議会最終答申や2019年6月公表の2018年TALISを先駆的に分析・考察の対象としており、これらに2006年と2016年「実態調査」を絡めて比較検討し、改善策を提起している点に特徴がある。

2. 日本における教員の働き方改革の政策動向

(1) 政策決定の経過

　今回の「働き方改革関連法」は、第3次安倍内閣当時の第189国会（2015年4月3日）に提出された「労働基準法等改正案」がその出発点である。これと軌を一にして同年12月21日に中教審答申「チームとしての学校の在り方と今後の改善方策」が出され、「教師の長時間労働の是正」が勧告されたが、今日に至るまで改善の兆しは見られていない。2016年10月～11月に「平成28年度実態調査」が実施され、その結果を踏まえて2017年6月22日に「学校現場における業務改善に係る取り組みの徹底について」が各教育委員会に通知されている。同年12月22日に中央教育審議会の「学校における働き方改革総合施策（中間まとめ）」が出され、これを受けて文科省は「学校における働き方改革に関する緊急対策」（12月26日）を発している。ここ4～5年で教員の勤務の在り方がにわかにクローズアップされ、緊急

提言や取り組みの徹底が相次いで出された背景には、一般労働者の働き方改革の審議と相まって、2013年TALISや2016年実態調査などにおける日本の教員の過酷な勤務実態が浮き彫りとなり、併せて精神疾患などによる教員の過労死の報道が行われたことなどが影響していよう。

　近年の取り組みの反省を総合的に踏まえて、2019年1月に中教審最終答申が出され、併せて同月同日、問題の多い「公立学校の教師の勤務時間の上限に関するガイドライン」が示されている。

(2)　中教審最終答申の方向性と問題点

　中教審最終答申は次のように述べて、日本の教員が極めて過酷な状況にあることを率直に認めている。「つらいことがあっても、自らの時間や家族との時間を犠牲にしても、目の前の子どもたちの成長を願いながら教壇に立っている現在の教師たち。これまで我々の社会はこの教師たちの熱意に頼りすぎてきたのではないだろうか」（中央教育審議会 2019, p. 57）。当該答申は、教員の働き方に関する諸問題をあぶり出し、改善事項と取り組みの課題を具体的に指摘するとともに、「在校時間の縮減の目安」や改善のための「パッケージ工程表」を示すなど、その「本気度」が充分に伝わってくる答申内容となっている。同答申は学校における働き方改革の目的を「教師のこれまでの働き方を見直し、自らの授業を磨くとともに日々の生活の質や教職人生を豊かにすることで、自らの人間性や創造性を高め、子どもたちに対して効果的な教育活動を行うことができるようになること」（同, p. 7）と規定している。

　しかしながら、こうした首肯され得る当該答申の精神に反する問題もまた散見される。その一つは、長時間労働を野放しにした給特法の捉え方に関している。給特法を廃止し、教員にも「労働基準法」を適用すると、「現状を追認する結果」になり、「働き方の改善につながらない」（同, p. 46）としてその見直しに否定的である。管見によれば、給特法を維持し、時間外勤務に対する教員への「労働基準法」の適用を除外すると「現状を追認

する結果」になり、「働き方の改善につながらない」ことは明らかである。というのも、後述するように、中教審答申は、教員の業務の在り方を整理し、「学習指導」など、教員の中核的業務を除く周辺的業務を列挙し、できる限り他で代替するか負担軽減の工夫をするように勧告しているが(同, p. 29)、日々の教育業務のなかで学校や教員の工夫でやれることには限りがあり、法令などでの規制がなければ「黙認」「現状追認」ないし「拡張解釈」に陥ることは、これまでの教育現場の実態や従来の訴訟判決などをみれば自然の流れであると思われるからである。

　給特法は、教員にも労基法32条、34条、36条など労働時間制は原則として適用されるが、教育調整額４％を支給することにより、「超勤４項目」[2)]を除き時間外勤務手当や休日勤務手当は支給されないとする法律(３条１項、２項など)である。４％の根拠は、1966年の実態調査に基づき、当時の時間外労働が小・中学校平均で１時間48分であったことに起因している（文部科学省①, pp. 1-4)。これが現在の実態と如何にかけ離れているかは、後述の 2006年と 2016年の実態調査をみれば明らかである。要するに給特法によれば、周辺的業務などはすべて「勤務時間内の割振り」によって処理すべきで、校長は原則として残業を行わせてはならず、超勤４項目に限り、「36協定」なしに残業を命じられるが、その場合にも、残業時間数に見合った割増賃金は支払われず、教職調整額が支払われることになる(萬井 2009, p. 51)。したがって、これまで勤務時間外の業務はすべて「教員の自発的勤務」として処理されてきたのである。

　中教審答申の問題のその２は、当該答申と抱き合わせて同日公表された「公立学校の教師の勤務時間の上限に関するガイドライン」(以下、上限ガイドライン)に関している。当ガイドラインは、中教審答申における「勤務時間管理の徹底と上限ガイドライン」の実効性を高めるために策定されている。その際、当該答申は、「これを策定したことが上限の目安時間まで教師等が在校等した上で勤務することを推奨する趣旨に受けとられては絶対にならず、在校等時間をさらに短くすることを目指して取り組むべき

である」（中央教育審議会 2019，p.20）と注意を促している。しかし、上限ガイドラインにおける「勤務時間の上限の目安時間」（文部科学省②，pp. 2-3）によれば、時間外勤務は月45時間、年360時間を超えないようにするという目安の提示とともに、「過労死促進法」と揶揄された「働き方改革推進法」の「時間外労働の上限規制」を「特例的な扱い」として記載している（同，p. 3）。「特例的な扱い」によれば、①年720時間、②単月100時間、複数月平均80時間まで認められる。これは現行の「過労死ライン」[3]を越える内容であり、加えて、当該答申は地方公務員には認められていない「一年単位の変形労働時間制の適用」（中央教育審議会 2019，p.21，p.48）を勧告しており、上限ガイドラインの「特例的な扱い」と併せて考えれば、今後過労死ラインの変更の可能性までもが危惧されるだけに大きな問題であろう。

　中教審答申において問題と思われるその３は、教員の負担を軽減するための「教員定数」と「担当授業コマ数」の見直しについては全く不十分にしか言及されていない点にある。教員定数について当該答申は、「義務標準法」[4]の果たしてきた積極的役割（中央教育審議会 2019，p. 3）や 2008（平成20）年の学習指導要領改訂以降の授業時数の増大に対処する定数改善（同，p. 13）などについて触れているのみである。そもそも今日の教員の過酷な業務負担の現状を招いた原因の一つは、定数改善が必須であった学校５日制導入（2002年全面実施）時に、改善無しに実施されたことにある。また、担当授業コマ数について 2016年実態調査でみると、小学校で平均４時間25分、中学校で３時間26分となっており、１日平均ではそれぞれ 5.9コマ、4.1コマとなる（文部科学省③，p. 3）。小学校では６コマ以上、中学校では５コマ以上担当する教員が多数存在していることを伺わせる数字である。「義務標準法」は、教科の指導時数と１教員当たりの標準指導時数との関係から教員の授業負担を１日４コマとすることを原則としていたのであり、再度基本に立ち返って検討することの必要性を示唆している。

3. 「国際教員指導環境調査」（TALIS）と 「勤務実態調査」から見る働き方の現状

　2013年と 2018年の TALIS および 2006年と 2016年の勤務実態調査から 日本の教員の働き方の現状について検討する。2013年TALIS におけるア メリカの場合は、国際ガイドラインの基準に達しなかったため参考値であ る。

(1)　勤務時間の４か国比較

　日本の学校教師が諸外国と比べて極めて過密な労働条件にあることは、 2013年第２回TALIS により明らかとなった。2016（平成28）年「実態調査」は、 さらに過酷な現実を突きつけることとなった。また、2018年TALIS の結 果は、この５年間で日本の教員の勤務実態が改善されるどころか、一層過 酷になっていることを裏付けている。

　勤務時間について表10-1 を見ると、2013年TALIS と比較して、４か国 とも 2018 年TALIS において増加している。アメリカでは 1.4時間、イギ リスでは 1.0時間、フィンランドでは 1.4時間の増加となっており、参加国 平均は前回と同じである。これに対して日本では 2.1時間の増加となって いる。前期中等段階の週勤務時間は TALIS（2013）でも、TALIS（2018） でも日本は参加国中トップであり、この５年間における日本の勤務時間削 減の取り組みは成果を上げていないことを示している（文部科学省④, p. 23; 国立教育政策研究所, p. 11）。（※以下、フはフィンランド）

表10-1　TALIS：週勤務時間の比較（前期中等段階）

調査年　　　　　各国	米	英	フ	参加国平均	日
2013 年TALIS	44.8	45.9	31.6	38.3	53.9
2018 年TALIS	46.2	46.9	33.0	38.3	56.0
増減	+1.4	+1.0	+1.4	0	+2.1

表10-2 の「実態調査」（文部科学省③．p. 1）でみると、この 10 年間で 5.1 時間増加したことになる。「部活動・クラブ活動」に係る時間の増加や「授業・授業準備」時間の増加の他、一般的な雑務の増加などがその主要因である。2016年「実態調査」では、過労死ライン（残業月80時間超）に達する週60時間以上勤務した教員は、中学校で 57.7％、小学校で 33.5％となっている（文部科学省③．p. 2）。

表10-2　教員勤務実態調査：週勤務時間（前期中等段階）

調査年	2006年	2016年	増減
時　間	58.1	63.2	＋5.1

(2)　授業時間および課外活動の４か国比較

　表10-3 は、表10-1 の勤務時間の内、授業時間（左）と課外活動（右）を取り出したものである。2018年TALISでみると、勤務時間、課外活動、事務業務および授業計画準備に当てる時間は参加国中で最長という結果を示している（国立教育政策研究所．pp.11-12）。表10-3 からは、授業に当てる時間は日本を除く３か国は参加国平均かそれ以上を示している。特にアメリカの場合、2013年TALISで参加国中トップ（26.8時間）、2018年では28.1時間と、参加国中トップのチリ（28.5時間）に次ぐ時間となっており、注目に値する。また、フィンランドの場合、課外活動に当てられる時間が0.6時間（2013年）、0.4時間（2018）であり、いずれも参加国中最低を示している。日本の場合、中核的業務である授業に当てる時間が短く、課外活動など、周辺的業務に取られる時間が極めて多いことがわかる。

表10-3　TALIS：授業時間（左）および課外活動（右）の４か国比較（前期中等段階）

調査年　　各国	米		英		フ		参加国平均		日	
2013年TALIS	26.8	3.6	19.6	2.2	20.6	0.6	19.3	2.1	17.7	7.7
2018年TALIS	28.1	3.0	20.1	1.7	20.7	0.4	20.3	1.9	18.0	7.5
増減	＋1.3	－0.6	＋0.5	－0.5	＋0.1	－0.2	＋1.0	－0.2	＋0.3	－0.2

(3)　周辺的業務の４か国比較

　表10-4-1〜４は、TALIS の結果を具体的に検証するために、当該中教審答申が列挙した周辺的業務に即して担当の可否を比較したものである[5]。○は担当する（２点）、△は一部担当する場合がある（１点）、×は担当しない（０点）とし、相対的な目安としての教員の労働負担の荷重を計ってみた。担当の可否に関しては、大杉（2017, p. 9, p.176）を参考にしたが、当課題研究グループで改めて検証し、判断の異なる部分については※をつけてある。例えば、「登下校に対する対応」ではアメリカの場合大杉では×である。しかし、アメリカでは日本のような徒歩での登下校は一般的ではないにしても、スクールバスによる通学が行われており、その際、教員によるバスの見送りはしばしばあるので△とした。また、「休み時間の対応」については、同じ時間に教員も休んでいるので○から×へ、「欠席児童への連絡」については、家庭から学校への欠席連絡については事務が受けるが、直接教員へメールを送るケースもあり、長期欠席の場合、教員が宿題を出すこともあるほか、保護者への連絡や面談は主に教員が担当しているので×から○へ変更した。また、「児童会・生徒会指導」については、全く担当しない事例と部分的に分担する事例があるので○から△にした。

　イギリスの場合、「放課後・夜間などの見回り」について×から△に変更しているが、それは以下の理由による。この項目は大杉（2017, p.9, p.176）では「校内巡視・安全点検」となっており、中教審答申より広い概念である。イギリスでは、教員の法令上の任務に関して、『教員給与及び勤務条件に関する文書』（School teacher's pay and conditions document 2018 and guidance on school teacher's pay and conditions: STPCD [2]）のなかで、教師の仕事として「50.8 児童生徒の安全と健康を促進させること（PROMOTE THE SAFETY AND WELL BEING OF STUDENTS）」、「50.9 生徒間で良好な秩序と規律を維持する（MAINTATIN GOOD ORDER AND DISCIPLINE AMONG PUPILS）」と書かれており、校内の安全を守ることも教員の仕事

表10-4-1　基本的には学校以外が担うべき業務

周辺的業務内容　　　各国	米	英	フ	日
登下校に関する対応	△※	×	×	△
放課後・夜間などの見回り	×	△※	×	△
生徒が補導されたときの対応	△	○	△	○
学校徴収金の徴収・管理	△	×	×	○
地域ボランティアとの連絡調整	×	×	×	△
計	3	3	1	7

表10-4-2　学校の業務だが、必ずしも教師が担う必要の無い業務

周辺的業務内容　　　各国	米	英	フ	日
統計・調査等への回答等	×	×	△	○
生徒の休み時間の対応	×※	×	×	○
校内清掃	×	×	×	○
部活動	△	×	×	○
計	1	0	1	8

表10-4-3　教師の業務だが、負担軽減が可能な業務

周辺的業務内容　　　各国	米	英	フ	日
給食時の対応	×	×	×	○
授業（教材）準備	○	×	○	○
学習評価や成績処理	○	×	○	○
学校行事の準備・運営	○	○	×	○
進路指導	△	○	×	○
支援が必要な生徒・家族への対応	○	×	△	○
計	9	4	5	12

表10-4-4　中教審答申が挙げていない業務等

周辺的業務内容　　　各国	米	英	フ	日
欠席児童への連絡	○※	×	○	○
朝のホームルーム	×	○	×	○
健康・保健指導	×	×	×	△
児童会・生徒会指導	△※	○	△	○
家庭訪問	×	×	△	○
カウンセリング・心理ケア	×	×	×	△
計	3	4	4	10

の枠組みの一つに挙げられていることがわかる。ただ、「安全を守る」教育活動が具体的にどのような取り組みなのかは言及されていないので△としてある。

　総計すると、アメリカ16、イギリス11、フィンランド11 に対して、日本は 37 となる。日本の教員の担う周辺的業務が如何に多岐にわたり、加重負担を招いているかが伺われる。

4. おわりに──日本の課題

　教員の専門職性が尊重され、カリキュラムや教科の割当時数などの自由裁量が大きいフィンランドでは、始業時刻さえも教員の裁量によって設定できるという。イギリスでは、ブレア政権以降、1998年緑書『教師─変化への挑戦に向き合う─』に象徴的に示されているように、教員の仕事内容を中核的業務に制限し、周辺的業務はできるだけ補助員や支援専門スタッフに肩代わりさせる改革が継続的に進められている。また、アメリカでは、学区と教員の労働組合による協約が絶対的であり、協約以上の責務を教員に求めることはできない（岩﨑・他 2018, p. 9, p. 18, p. 31）。

　アメリカ、イギリス、フィンランドの「学校多機能型」で「教員職務限定型」から見えてくる日本の教員の働き方の特徴は、「教員職務曖昧型」による周辺的業務の囲い込みが果てしなく行われ、加えて給特法による「教員の自発的勤務」という名の「サービス残業」が常態化しているという現実である。中教審最終答申は内容に応じた周辺的業務の縮小を勧告しているが、例え部活動（7.5時間）や書類作成などの事務業務（5.6時間）をすべて無くしたとしても、勤務時間は参加国平均を上回り、フィンランドには遠く及ばない。

　これらの国々との比較や日本における教員の働き方の実情を踏まえて、教員の働き方の改善策について提起するとすれば以下のようになろう。即ち、給特法の見直しに直ちに着手すること、また、担当授業コマ数の削減

と教職員数の増大を図ることである。部活動については、中教審答申も指導員の外部化促進とスポーツ庁および文化庁のガイドラインの遵守を勧告しており、この方向で見直すこと、さらに、表10-4-1〜4に挙げた周辺的業務以外にも、行政研修の精選、専門・サポートスタッフなどの配置、学校行事の精選など大胆な削減を推進することが求められている。

【注】

1) 正式名称は「公立の義務教育諸学校等の教育職員の給与等に関する特別措置法」で、1971年に成立した。
2) 「超勤4項目」とは、校外実習、学校行事、職員会議、非常災害の4つを指す（「公立の義務教員諸学校等の教育職員を正規の勤務時間を超えて勤務させる場合等の基準を定める政令」2003年による）。
3) 「過労死ライン」とは、2001年12月12日付厚生労働省労働基準局長通達「脳血管疾患及び虚血性心疾患等（負傷に起因するものを除く）の認定基準について」により、「発症前2か月間ないし6か月間にわたって、1か月当たりおおむね80時間を超える時間外労働が認められる場合」となっている。
4) 正式名称は「公立義務教育諸学校の学級編成及び教職員定数の標準に関する法律」（1958年）である。
5) 担当の可否については、各国の担当者がそれぞれチェックし、最終的に筆者のほうで再チェックした。アメリカ担当大谷杏、イギリス担当永田祥子、フィンランド担当西村貴之。

【引用・参考文献】

青木栄一監修（2010）『教員の業務と校務運営の実態に関する研究報告書』国立教育政策研究所。

岩﨑正吾、大谷杏、永田祥子、西村貴之、他（2018）「教員の働き方改革―国際比較から見えてくるものは何か」『季刊・教育法 第198号』エイデル研究所、pp.4-62.

臼杵健太郎（2016）「国際的にみる日本の教員の勤務実態―2013年OECD国際教員指導環境調査（TALIS）から―」京都大学生涯教育フィールド研究4（15）、pp.97-105.

大杉照英研究代表（2017）『学校組織全体の総合力を高める教職員配置とマネジメントに関する調査研究報告書』国立教育政策研究所。

小川正人（2017）「教員の長時間労働と給特法―給特法の問題点と改廃の問題―」
　　『季刊教育法』（192号）エイデル研究所、pp.72-77。

神林寿幸（2017）『公立小・中学校教員の業務負担』大学教育出版。

国立教育政策研究所編（2019）『教員環境の国際比較OECD国際教員指導環境調
　　査（TALIS2018）報告書―学び続ける教員と校長―』ぎょうせい。

齋藤里美（2014）「OECD 国際教員指導環境調査からみる教師教育研究の課題―
　　TALIS 2013 の調査結果を中心に―」『東洋大学文学部紀要』教育学科編（40号）
　　東洋大学、pp.51-60.

鈴木雅子（2018）「教員の働き方改革と健康」『日本健康教育学会誌』（第26巻3号）
　　日本健康教育学会、pp.298-304.

中央教育審議会（2019）「新しい時代の教育に向けた持続可能な学校指導・運
　　営体制の構築のための学校における働き方改革に関する総合的な方策につい
　　て」（http://www.mext.go.jp/component/b_menu/shingi/toushin/__icsFiles/
　　afieldfile/2019/ 03/08/1412993_1_1.pdf）、2019年3月21日検索。

中澤篤史（2017）「部活動顧問教師の労働問題」『日本労働研究雑誌』（No.688）
　　労働政策研究・研修機構、pp.85-94.

藤原文雄編著（2018）『世界の学校と教職員の働き方』学事出版。

文部科学省①「教職調整額の経緯等について」（www.mext.go.jp/b_menu/shin-
　　gichukyo/chukyo3/031/siryo/07012219/007.htm）、2018年7月13日検索。

文部科学省②「公立学校の教師の勤務時間の上限に関するガイドライン」
　　（ www.me xt.go. jp/component/a_menu/education/detail/__icsFiles/
　　afieldfile/2019 /01 /25 /1413004_1.pdf）、2019年3月21日検索。

文 部 科 学 省 ③「 教 員 勤 務 実 態 調 査（平 成28年 度） 集 計［確 定 値］」
　　（www.mext.go.jp/b_ menu/houdou/30/09/__icsFiles/ afieldfile/
　　2018/09/27/1409224_003_3.pdf）、2018年7月15日検索。

文部科学省④「OECD 国際教員指導環境調査（TALIS）2013年調査結果の要約
　　（www. nier. go.jp/kenkyukikaku/talis/ imgs/ talis2013_summary.pdf）、2018
　　年7月21日検索。

萬井隆令（2009a）「なぜ公立学校の教員に残業手当がつかないのか」『日本労働
　　研究雑誌』（No.585）労働政策研究・研修機構、pp.50-53.

萬井隆令（2009b）「なぜ公立学校の教員に残業手当がつかないのか」『日本労働
　　研究雑誌』（No.585）労働政策研究・研修機構、pp. 50-53.

※本論文は2019年9月に提出したものであり、刊行の遅れにより情報が若干古
　くなっていることをお断りしておきたい。論文の趣旨に変化はない。

第11章

中国経済未発達地域における社区高齢者生涯学習支援

趙 天歌

1．はじめに

　本稿では、中国の経済未発達地域に着目し、長春市の明珠社区を事例に、社区（地域コミュニティ）における高齢者生涯学習支援の実態と課題を明白にし、その支援の組織化を考察する。

　近年、中国の高齢化は一層の加速が問題視されており、2020年に60歳以上人口（中国では高齢者は60歳以上）の高齢化率は17%を超え、2030年には65歳以上人口の高齢化率が日本を追い越すと推計されている[1]。高齢者への支援体制の整備は、今後より一層喫緊性が増す課題となる。同時に、市場経済の成長に伴い、人々の生活水準が大幅に向上している。また、医療の発展によって高齢者が健康状態を維持できるようになり、国民の平均寿命も延びている。このように、高齢期の健康と生活状況が改善されており、特に都市部の高齢者を中心に衣食住などの物質的欲求が満たされていることも相まって、高齢者の生活への要求が多様化してきている。その

結果、学習や社会参加活動を通しての自己実現を目的とした精神的欲求の充足への関心が高まってきている。

　一方、精神的充足感の獲得は、高齢者の心身の健康および生活の質と比例関係にあるがゆえ、高齢期の生活の質的向上を図る上で高齢者への生涯学習支援を一層促進させる必要がある。高齢者が興味関心のある分野における学習と活動を実践することで、新しい知識や技能を習得し地域との関係性を強めることができる。また、彼／女らが人生で蓄積してきた知恵や経験と学習成果を生かすべく、ボランティア活動への参画や地域での再就職など社会貢献を通して高齢者自身が自己価値を創造すると同時に、そこから新たな社会的価値が創出されるという構図が期待される。こうした社会参加・貢献を重視した高齢者生涯学習支援の展開は循環型学習社会の形成にとって深い意義がある。

　社区では基礎的な行政機関として地域住民の生活に関わる行政事務を行っており、社区内の芸術祭、運動会、読書会や学習講座などの開催を通して地域住民の精神文明建設[2]に関わる役割も担っている。もちろん社区は地域の全住民に向けて福祉サービスや活動の場所と機会を提供することを原則としているが、社区の各施設を利用し学習と地域社会活動に積極的に関わっている住民のなかでも高齢者の比率が圧倒的に高いという実情がある。定年（一般に男性60歳、女性55歳）後の「居家養老（家で高齢期を送る）」である高齢者は、社区を通して地域との関係性を築いて生きがいを獲得しようとする傾向が強い。つまり、社区は高齢者の生活と緊密なつながりを持っており、中国では社区に依拠した高齢者生涯学習支援の促進が重要な課題となる。ゆえに本研究で社区に着目することは十分意義があるといえる。

2．先行研究の検討

　中国では「学習支援」より「教育」の言い方が一般的であり、社区高齢者生涯学習支援ではなく社区高齢者教育の用語が使われている。中国の学

術論文検索データベース（中国知網CNKI）では社区高齢者教育の用語が最初に現れたのは2004年であったが、社区高齢者教育への関心が高まり研究が進められるようになったのは2009年以降のことである。だがそれらの研究は多くが先行研究の整理に留まっているばかりか、理論をさらに発展させるための事例調査や分析が行われているものが少ない。

　謝（2007）は天津の事例を通じて社会参加を重視した高齢者生涯学習支援の展開と支援の組織化について社区高齢者教育の促進が必要だと主張しているが、社区高齢者教育の実態調査は行っておらず課題を示すには至っていない。また、その研究は高齢者の生きがい意識をめぐる量的分析を中心としており質的調査による理論的根拠が見えてこない。鮑（2014）は従来の講義中心の学校型高齢者教育、行政機関が設立したノンフォーマル教育（学習支援）機関としての高齢者大学は比較的速い発展を遂げてきた一方、高齢者生涯学習に対する人々の理解と認識がまだ欠けていて各行政レベルにおける社区高齢者教育の展開への重視も不十分だと指摘している。陳（2015）は社区高齢者教育の特徴を総括し、その組織化について社区高齢者大学の設立と発展を軸とすべきだと知見を示している。だが鮑と陳のどちらも事例調査とその分析が行われておらず、ただ先行文献や政策、法令の総括に留まっている。

　社区の状況も経済・教育や福祉の発展レベルによって大いに差がある。単に文献研究と一部の量的調査に基づいた結論は社区の実態を把握するには不十分であり、社区高齢者教育の現場での実践や課題解決に対して的確な示唆が提示できない可能性が危惧される。よって社区高齢者教育（社区高齢者生涯学習支援）についての研究と実践経験の蓄積は浅いということが指摘できる。

　一方、これまでの先行研究の調査対象は北京、天津、上海や広州などの経済発達地域が中心とされており、経済未発達地域への注視度は比較的低い。経済未発達地域とは、北京や上海の大都市ほどの大きな経済規模は持たないが、農村部と比べて生活水準が高く、主に内陸地（東北部や西北部）

に位置する地域である。だが実際には、経済発達地域に比べ、少子化の進
展と生産年齢人口の流出が著しい経済未発達地域のほうがより深刻な高齢
化問題に直面している。ゆえに高齢期の生活の質の向上を図るには、経済
未発達地域における高齢者生涯学習支援の展開とそれに対する人々の認識
の向上が必要である。また、経済未発達地域に着目しその課題を追求する
ことは、中国における高齢者生涯学習支援の地域間格差の解消にも貢献が
可能である。よって、本稿では、高齢化問題が深刻な経済未発達地域の長
春市（東北部・吉林省）[3] を調査対象地域とする。

3. 社区高齢者教育（社区高齢者生涯学習支援）の再定義

　中華人民共和国国務院新聞弁公室（2006）は、高齢者の社会参加を重要
な課題だと示しており、高齢者教育の目標は「教養性」から「社会性・地
域性」の向上に重点が置かれるようになってきている。だが現実には、高
齢者の主体的・対話的な学習や地域との関係性構築のために力を入れてい
るのは一部の条件に恵まれている社会教育施設や民間団体に限られており、
多くはまだ講義（知識伝達）中心の高齢者大学を頼りとしている。行政指
導によるトップダウン型の高齢者大学は、他より最も公的支援を受けて著
しい発展を遂げている。だが、このような高齢者大学では大人数の関係で
講義以外の形による学習の展開が阻まれているという実情がある。つまり、
高齢者大学に依拠した従来の高齢者教育では主体的・対話的に学習できる
環境が整えられておらず、主体形成が難しいという限界がある。

　そのなかで人々は、地域住民の生活と緊密に関わっている社区での高齢
者教育の展開の可能性に目を向けるようになった。孔・陳（2014）によると、
社区高齢者教育は地域社会への参加・貢献活動の時間、学習内容や人数の
調節に余裕があり比較的高い柔軟性と機動性を持っている。ゆえに、従来
の高齢者教育の弱点を補填し、高齢者の主体的・対話的な学習が実現可能

となると推察される。

　ここで特に注目すべきは、社区高齢者教育の定義については再考の余地がある点である。陳(2015)では「社区高齢者教育とは社区を特定の場所とし、高齢者を特定の対象として展開されるすべての教育、訓練、交流と組織的な学習活動だ」(p. 8) と述べ、社区高齢者教育の形態は相対的に柔軟性があり対話的な学習ができることが反映されているが、それでもまだ高齢者に対して一方的に知識を伝達し、教育し訓練するというような上からの目線を感じざるを得ない。高齢者に自由な学習環境を与え、地域社会参加・貢献活動との関わりについても触れていないからである。一方、社区高齢者教育は、これまで単独に発展を遂げてきた社区教育と従来の高齢者教育を基盤としたものだと考えている研究（陳 2015, 鮑 2014, 孔・陳 2014）が

【社区教育】
範囲/対象：社区内/すべての社区住民
目標：教養性、生産性、地域性、社会性形
態（例）：
・フォーマル（社区学院）
・ノンフォーマル：
　学校型（社区学院）
　社会教育型（社会教育施設）

【従来の高齢者教育】
範囲/対象：特定なし/すべての高齢者
目標：教養性、生産性、社会性
形態（例）：
・ノンフォーマル
　学校型（高齢者大学）
　社会教育型（社会教育施設）

【社区高齢者教育】
範囲/対象：社区内/すべての高齢者
目標：教養性、生産性、地域性、社会性形
態（例）：
・ノンフォーマル
　学校型（社区高齢者大学）社会教育型
　（社会教育施設）
・インフォーマル（地域社会参加・貢献活動）

図 11-1　社区教育、従来の高齢者教育、社区高齢者教育の特徴
　馬（2016）、孫（2011）、及び参与観察を基に筆者が作成。

多いが、その両者に基づいて社区高齢者教育を論じるものはほぼ皆無である。以下、社区教育と従来の高齢者教育の特徴を通して社区高齢者教育について再定義を試みる。

　図11-1 は、社区教育、従来の高齢者教育とその両者を基盤として生まれた社区高齢者教育の特徴を示している。図11-1 のように、特定の範囲内で社区行政を含めた各種の末端組織に依拠してすべての社区住民に対して学歴が取得可能な一部のフォーマル教育を行うと同時にノンフォーマル学習も提供する社区教育（馬 2016）と、高齢期の生活の質的向上のために学位・資格の取得を目的としないノンフォーマル学習を行う従来の高齢者教育（孫 2011）とで、重複しているところが多い。両者の共通点として、まず「目標」については、人間本位の理念と学習権の保障を中軸とし、人々の「教養性・生産性・社会性」といった全面的な発展を図っている点がある。次に「形態（ノンフォーマル）」については、社会発展の状況と人々の要求に応じて多様なノンフォーマル学習の機会を提供しており、人々が孤立せず社会とともに進んでいくことを重要視している点もある。反対に、社区教育が従来の高齢者教育と異なる点は、すべての社区住民を対象とすること、範囲が社区内と特定されること、一部のフォーマル教育を含むことである。このように社区教育と従来の高齢者教育における目標という最も本質的な部分に共通点が多いことから、両者の間には強い関連性が見られる。だがそこで現れた社区高齢者教育は、両者の理念を受け継いで特徴を融合させただけのものではない。

　社区高齢者教育には、学校型（社区高齢者大学）と社会教育型（各種の社会教育施設や民間団体）のノンフォーマル学習の他、社区教育と従来の高齢者教育のどちらにも見られない地域社会参加・貢献活動（高齢者サークル、地域イベントやボランティア活動）といったインフォーマル学習もできるという特徴が見られる。生涯学習は一方的に知識を伝達するような講義式教育のみを意味するものではない。高齢者が自ら視野を広げて知見と教養を高めるために、地域社会で行われる文化的・趣味的レクリエーション、イ

ベントやボランティア活動など多様な地域社会参加・貢献活動と関わる中で不可視的に主体的な学びというものが存在している。つまり、これらの地域社会参加・貢献活動もノンフォーマル教育（学習支援）機関と同様に高齢者にとっての生涯学習の役割を持っており、高齢期における継続的な発展を支える一要素になるといえる。社区高齢者教育の定義を再考するに際し、既存の定義のなかで明確に提示されていない高齢者の地域社会参加・貢献に関する内容を新たに盛り込む必要がある。

　以上、本稿では、社区高齢者教育とは、特定の地域範囲内で、高齢者全体を対象とし、各種のノンフォーマル・インフォーマルな学習と活動を通じて高齢期の健康維持・増進、教養の向上、社会を生きる力の継続的な発展、地域社会参加・貢献による地域との関係性の構築や社会価値創造といった自己実現を目標とし、主体形成を目指した高齢者生涯学習支援であると定義する。

4．明珠社区の事例と考察

⑴　調査の方法

　社区高齢者生涯学習支援に関わる研究、特にそれに対する質的研究が不十分であるため、本稿は質的調査の結果に基づく具体的な取組事例から課題を示して考察する。調査対象社区は、明珠社区である。明珠社区は「生活困難層が少ない」「知識人・教養人層が多い」といった特徴があり、社区内の高齢者は大半が比較的高い教養があり衣食住といった生活の基盤が安定している。そこでは高齢者は生涯学習への関心が高く、各種の高齢者主体の学習と地域社会参加・貢献活動が行われており、長春市のなかで社区高齢者生涯学習支援が比較的進んでいる。明珠社区の事例を検証し支援の組織化について実施可能な改善策を練ることは、他の社区にとって先進的な取組事例として参考になりうると考える。

　明珠社区において参与観察および社区職員・高齢者への半構造化インタビュー調査を実施し、その後の状況変化を把握するため追跡調査を行った（初回調査は 2016 年 8 月〜 9 月末、追跡調査は 2017 年 9 月と 2018 年 9 月）。参与観察と語りの内容は毎日終了時に直ちに調査ノートに記録した。倫理的配慮に関して予め調査対象者に研究の目的、内容や方法を説明し、調査の結果を研究発表などに使用する承認を得ている。本稿での記載名は仮名とする。

(2)　明珠社区高齢者生涯学習支援の全体像

　図11-2 を通して明珠社区高齢者生涯学習支援の全体像を視覚的に把握する。社区は高齢者に各種地域活動施設と福祉サービスを提供している。若・中年層住民より高齢者のほうが時間的余裕を持っており、高齢者を中心とする社区行事・イベントや学習講座の開催が多々見られる。また、体力づくり活動と趣味的・文化的レクリエーションの 2 つに分かれる高齢者サー

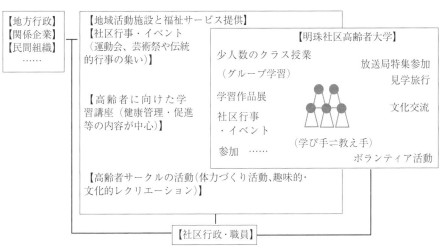

図11-2　明珠社区高齢者生涯学習支援の全体像（社区内-実線、外-点線）
　参与観察と職員への聞き取りを基に筆者が作成。

クル（18種）の活動も日常的に見られる。そのなかで高い学習要求のある高齢者は、社区高齢者大学を立ち上げて少人数のクラス授業を進めると同時に社区内外における地域社会参加・貢献活動にも積極的に関わっている。さらに、これらの高齢者生涯学習の展開において地方行政の支援と社区外の関係企業や民間組織との連携協働も見られる。そこで活動情報の伝達や各団体組織の間でコーディネートをし、社区高齢者生涯学習支援の全体バランスの調整のために社区行政・職員が存在する。

　以上、明珠社区では高齢者の生涯学習は様々な形で促されていると窺える。だが実際、そこでの社区高齢者生涯学習支援の推進にあたって最も依拠されているのは社区高齢者大学である。先行研究を振り返ると、社区高齢者生涯学習支援の組織化は社区高齢者大学の発展を軸とすべきだという陳（2015）の指摘もこの現状から証明されている。

　一方、社区高齢者大学は行政指導によるものではなく各社区における社区高齢者大学の設立と発展にばらつきがある。明珠社区高齢者大学は現時点で長春市の最初かつ唯一の社区高齢者大学であり、先進的な取組実践事例として評価され注目を浴びている。長春市における社区高齢者生涯学習支援の展開にとって画期的な意義がある。よって社区高齢者生涯学習支援の組織化について特に明珠社区高齢者大学の事例に注目したい。

(3)　明珠社区高齢者大学

　明珠社区高齢者大学の設立（2014年）は、それまで社区内で各種活動に関わってきた高齢者たちの努力の結果である。高齢者は退職後の生活を有意義に送ることに関心が高く、基礎的なサークル活動を超え、より一歩進んだ組織的な学習に対する要求が見られる。そのなかで彼／女らは社区行政の支援を得て自ら主体的に社区高齢者大学の成立と学習の展開に取り組んできた。この実態を示す根拠として学校設立を働きかけた一員の舒[4]の語りがある。

　退職後は時間が多くて、何をしたら毎日を楽しく過ごせるのかをいつも考えている。大学ができる前、僕らはよく社区施設や公園またはだれかの家に集まって、書画や読書会、詩人サークルの活動をしていた。それを見て興味が湧いて「私たちにも教えて」「仲間に入れて」と要求してくる人が段々増えてきて（中略）みんなで社区高齢者大学を作りたいという話を職員たちに持ち出して、全員が収まる固定した学習の場所を提供してもらうように頼んだ。

　実際、明珠社区高齢者大学の講師は社区住民と学習者のなかから依頼されることが中心であり、講師を務めている人は同時に他のクラスの学習者でもあるケース（学び手⇄教え手）が多々見られる。また学校の管理およびそこでの学習と活動の展開は、学習者のなかから選出された意欲と信頼の高い学習リーダー（校長、副校長やクラス委員）に委任することとなっている。このような現状と舒の語りを踏まえると、学習の要求が下から上まで伝達されるボトムアップ型の明珠社区高齢者大学は高齢者の自助と自己決定の精神に基づいて組織・運営されていると窺える。こうした高齢者の自助と自己決定が最大限に尊重される民設民営の形式も社区高齢者生涯学習支援の展開において重要な取組になるであろう。

　前項で述べた通り、明珠社区高齢者大学での高齢者生涯学習は少人数のクラス授業と社区内外での地域社会参加・貢献活動への参加が見られる。クラス授業のなかで講師一人による一方的な教え込みが全くないのに対し、高齢者が授業の形成や内容について質問したり自らの意見と経験を交換したりして積極的に授業に参画している光景が見られる。また、高齢者が共同で学習作品を創るなどのためにアイデアを出し合って互いに協力しながら、グループに分かれて学習を展開していく様子も確認された。この現状から、クラス授業の形式とはいえ、講師と高齢者は教え教えられる対等な関係にあり、高齢者の主体形成につながる主体的・対話的な参加型の学習環境が構築されている点が見られる。

一方、クラス授業での学習とそれ以外の活動の状況や比率から、この2年は、高齢者が自ら教室から出て社区内外における地域社会参加・貢献活動（図11-2参照）と関わることが増えつつあり、彼／女らの要求はただクラスのなかでの学習に満足できず地域社会参加・貢献における生きがいの獲得に向かっている。これについて副校長の武[5] は次のように語った。

　　大学のなかで書道や切り紙を学ぶのもいいが、ずっと同じことをやるとつまらない。こうやって芸術センターで書展を見たりして見識を深めて（中略）まだ動けるうちにいろんな活動に関わっていきたい。（中略）「余熱（退職した高齢者が持っている余った能力やエネルギー）」を発揮したい（後略）。

　以上、明珠社区高齢者大学において知識や技能の獲得（インプット）のみならず、学校管理と学習展開への参画（アウトプット）に関わる中で、主体的な学習の達成によって高齢者の自己効用感の向上が期待できる。さらに注目すべきは高齢者が地域社会参加・貢献への積極的な関わりに地域社会との関係強化という意味を見出した点である。こうした視点は社区高齢者生涯学習支援の重要な一環として今後も一層促進させる必要がある。
　一方、明珠社区高齢者大学について以下の問題点を指摘したい。
　第一に、学校の規定が不明確で組織的・系統的な管理体制が整備されていない。現に、一部の高齢者による学校の反復利用、学習活動に継続的に参加している高齢者も在籍者数の3分の1程度にすぎないという実態がある。確かに自由な学習環境のなかにおいては高齢者の自主性・主体性がより引き出されやすい点も推察されるが、逆に制約力が比較的低いため高齢者の意欲継続が難しいことが懸念される。これに対し、地域における他の社区高齢者大学の未利用者にも学習と活動参加の機会を与え、高齢者の継続的参加を促す学習環境を整えるため、特に入学・卒業（修了）資格、修業年限、授業料や講師の雇用に関わる規定の明確化が必要である。第二に、

クラス授業での学習は伝統文化や趣味的な内容（切り紙・POP広告・書道・水墨画・細密画）に偏っていて内容の重複が多い。第三に、クラス授業と同時に社区内外での地域社会参加・貢献活動の機会が増えつつあるものの、両者間のつながりが希薄なうえ高齢者の主体形成を目指す方法論を展開するような学習内容とカリキュラム編成も不十分である。そして第二と第三の問題もまた最初に示した高齢者の意欲が継続し難い一因として考えられる。

　第二と第三の問題に関して社区高齢者大学の学習内容とカリキュラム編成を見直し充実させていくことは喫緊の課題といえよう。学習内容の偏りと重複が生じないよう、そして高齢者の地域社会参加・貢献への要求を踏まえた上で、これまでの趣味的・文化的な内容を超え、地域社会の実態や課題（町づくりなど）を捉える高齢者が自ら社会的効用を生み出すような学習と活動機会の提供に視線を向けるべきである。また、高齢者主体の学習活動の持続的発展のために主体形成を目指す基礎原理や方法論に関する学びもカリキュラムに盛り込むべきである。さらに Maeda（2016）によると、学習成果の地域還元を目指す循環型の生涯学習の仕組みが構築されることは高齢者のエンパワーメントにとって重要な意味がある。ゆえに、高齢者が学習修了後に地域で活躍できるように考慮する必要があり、再就職やボランティア活動など高齢者の地域デビューのための学習を充実・促進させるのも社区高齢者大学が今後取るべき姿勢である。

　以上の問題点の改善を図るには行政的支援はもちろん、これまでの支援の仕組みに見られていない（図11-2参照）大学などの教育機関や教育（学習支援）関係の NPO との連携協働ネットワークの構築が重要である。専門家の専門機関による学校管理体制の整備や学習内容とカリキュラム編成についての指導と支援を受けると同時に、学習支援コーディネーター養成のために研修プログラムの作成も期待される。

5. まとめ

　以上、社区高齢者生涯学習支援について再定義をし、明珠社区（特に明珠社区高齢者大学）を事例に中国経済未発達地域の社区高齢者生涯学習支援とその組織化を考察した。

　ここで得られた知見を提示し本稿を締め括りたい。社区高齢者生涯学習支援の推進は高齢者の自助・自己決定が尊重される社区高齢者大学の設立とそこでの学習活動の展開を中心としている。その支援の組織化について高齢者の生きがい獲得と地域社会参画の拠点として位置づいている社区高齢者大学における諸問題の改善が求められている。社区高齢者大学の未利用者の学習参加と利用者の意欲継続を促し、高齢者の主体形成と学習成果の地域還元を目指す循環型の生涯学習の構築が図れるよう①組織的・系統的な学校管理体制の構築と整備、②学習内容とカリキュラム編成の見直し・充実、③教育（学習支援）機関・関係組織（大学やNPO）との連携協働の促進が、社区高齢者生涯学習支援の組織化において至要たる課題である。これらの課題への取組が進むことで、中国経済未発達地域における社区高齢者生涯学習の発展を期待したい。また今後の課題として、本研究の結果を日本における高齢者生涯学習支援の取組とその支援体制の構築・整備と比較検討することが可能となるだろう。

【注】

1) 全国老齢工作委員会弁公室による。http://www.cncaprc.gov.cn/contents/770/156590.html（2018年4月16日）
2) 精神文明建設とは「社会主義現代化建設の需要に応じて理想・道徳・文化・紀律のある社会主義公民の育成、中華民族全体の思想道徳素質と科学文化素質の向上」を指す。「中共中央関与社会主義精神文明建設指導方針的決議（中共中央による社会主義精神文明建設の指導方針に関する決議）」（1986年）による。http://www.gov.cn/test/2008-06/26/content_102828 7.htm（2019年2

　月 8 日）

3）長春市の高齢化率（2016年、60歳以上人口131.6万）は 17.4% である。http://
　jl.sina.com.c n/news/b/2016-03-13/detail-ifxqhmve9127187.shtml（2018 年 12
　月11日）

4）舒・70代前半男性（調査は 2016年9月16日に社区高齢者大学の見学旅行の高
　速バスのなかで行った）

5）武・60 代後半女性（注4）参照）

【引用・参考文献】

謝保群（2007）『中日両国における高齢者生涯学習支援体制の現状と課題』風間
　書房。

馬麗華（2016）『中国都市部における社区教育政策』大学教育出版。

鮑忠良（2014）「社区教育視野下的老年教育問題与策略探索（社区教育の視点か
　ら見る高齢者教育と策略の探求)」『継続教育研究』第 9 期48-50頁。

中華人民共和国国務院新聞弁公室（2006年12月）「中国老齢事業的発展（中
　国高齢者事業の発展)」北京。＜http://www.gov.cn/zhengce/2006-12/12/
　content_2618568.htm（2019年3月28日）＞

陳乃林（2015）「社区老年教育探索（社区高齢者教育探求)」『中国成人教育』第
　22期 8-10 頁。

孔晶晶・陳明昆（2014）「中国城鎮社区老年教育研究総述（中国都市部の社区高
　齢者教育に関する研究の概説)」『成人教育』第 8 期18-21頁。

孫建国（編）（2011）『中国老年教育探索与実践（中国高齢者教育の探求と実践)』
　北京：科学出版社。

Koji, Maeda（2016）Nonformal Education and Civil Society in Japan. In Kaori
　H. Okano（Ed.）*Lifelong learning universities in the ageing society: Empowering the
　elderly*（pp.179-194），London and New York: Routledge.

第12章

タイの地域コミュニティにおける
教育保障と小規模学校の教育課題

植田啓嗣

1. はじめに

　本稿は、タイの地方に多く存在している小規模な初等学校に焦点を当て
て、地域コミュニティにおける教育保障という観点から、教員および児童
の意識を通して小規模学校の役割と教育課題を明らかにするものである。

　タイはアジアのなかでも義務教育制度を早く導入した国である。タイ
は1920年代に義務教育制度を実施し、アジアでは日本に次いで2番目に
義務教育を施行した国となった。村田（2007）によると、立憲革命[1]が起
こった1932年には学齢人口の内58.9％が就学していたものの、地方農村部
や障がい児に対する教育の普及が遅れていた。戦後においてタイは前期初
等教育段階（1～4年）では就学率が高かった一方で、後期初等教育段階
（5～7年）ではドロップアウトをする児童が多かったため就学率が低か
った。1978年に学校制度改革が行われ、義務教育機関を1年短縮して6年と
なり、全国的な就学率向上を図った。1980年代になると後期初等教育への

進学も 100％に近くなった。具体的にみると、前期初等教育段階の就学率
は、1960年に 92.5％、1967年に 89.7％、1972年に 117.9％で高い水準にあっ
たのに対し、後期中等教育段階になるとそれぞれ 18.4％、23.5％、39.1％
で極めて低かった。

　タイはそれぞれの村（コミュニティ）の中心に寺院があるという特徴があり、
初等教育の普及のために寺院が中心となって村に学校を設立したという歴
史的な経緯がある。教育の普及拡大期には子どもがたくさんいたものの、
年々合計特殊出生率（TFR）が下がっており、学齢期の子どもの数も減っ
てきている。タイの TFR は 1980年時点では 3.4 であったものの、90年代
半ばには人口置換水準である 2.1 を下回るようになり、2018年時点では 1.5
で日本と同程度の水準となっている[2]。少子化の影響もあり、タイの一般
的な教育省管轄の国立学校において、全校児童が 120人以下の「小規模学校」
の数は全体の半数以上を占めている。タイ教育省は学校規模を在籍児童数
で分類しており、全校児童 120人以下の学校を「小規模学校」、121人以上
280人以下を「中規模学校」、281人以上を「大規模学校」と定義している。
小規模学校の問題に関しては、タイ国内でも研究が進められている。チャ
ンタラタナとガムプラパソム（2013）は、タイ北部の高地を研究対象とし
て小規模学校における学校経営戦略の在り方について考察し、戦略計画を
持つことなど 6つのポイントを指摘している。コンクンとニヨムスリソム
サック（2012）は、小規模学校の学校運営のコミュニティベースドモデル
について検討した。このようにタイの先行研究は、小規模学校の教育効果
の向上に着目した学校経営・教育政策の提言であるものがほとんどである。
また、ラタピパット（2018）は、データを用いて小規模学校が教員数や設
備面で問題があることを指摘し、比較的貧しい家庭の子どもが小規模学校
に通っていることを指摘している。しかしながら、小規模学校教育に対す
る当事者である教員・児童の意識を分析したものや、小規模学校の存続意
義について検討した先行研究は管見の限り見られない。

　タイと日本はともに少子化が進行しており、学校規模の縮小という課題

に直面している。日本では積極的に統廃合を進めているのに対し、タイでは小規模学校を存続させることが多い。小規模学校を存続させるにあたり、いかなる教育的課題が生まれるかを検討することに研究上の意義があると考えられる。

　本稿は、教員・児童のアンケート調査および校長へのインタビュー調査を通して、小規模学校が存続する理由と、小規模学校に関わる教育課題について地域コミュニティとの関連から明らかにすることを目的とする。

２．タイの小規模学校の現状

　まず本節において、タイの小規模学校の現状について確認する。

　表12-1は学校規模別初等学校数を表している。タイ教育省基礎教育委員会管轄の国立初等学校は2015年度で28,358校ある。そのうち全校児童が120人以下の「小規模学校」は15,300校であり、全体の54.0％を占めている。

　日本には学級規模や通学距離に関する規定があるが、タイには学級規模や通学距離による規定はなく、教育省の承認のもと各学校が通学区域を定めている。タイ教育省は小規模学校の問題についてどのように捉えている

表12-1　タイにおける学校規模別初等学校数（2015 年）

学校規模 (人)	1〜20	21〜40	41〜60	61〜80	81〜100	101〜120	小計 (小)
学校数 (校)	882	2,486	3,377	3,495	2,739	2,321	15,300
	3.1%	8.8%	11.9%	12.3%	9.7%	8.2%	54.0%

学校規模 (人)	121〜200	201〜300	301〜499	500〜1499	1500〜2499	2500〜	小計 (中・大)
学校数(校)	6,523	3,214	1,914	1,078	117	39	12,885
	23.0%	11.3%	6.7%	3.8%	0.4%	0.1%	45.4%

出所）タイ基礎教育委員会事務局（2015）『教育統計仏暦2558年』より筆者作成。
注）全国28,358校のうち、休校中（児童数が０人）の学校が173校（0,6%）である。

のだろうか。タイの小規模学校の問題について、タイ教育省基礎教育委員会事務局政策計画課担当職員（2016年3月14日実施）およびタイ教育省基礎教育委員会チェンマイ第一初等教育地区事務所専門職員（2016年2月27日実施）に対してインタビュー調査（半構造化面接法）を実施した。その結果、教育省としてはコストパフォーマンスの観点から統廃合を進めたいものの、統廃合を進められず小規模学校が存置されていることがわかった。その理由として主に以下の二つが挙げられる。

　一つ目は、地域が村の学校の統廃合に反対し、学校を残すように求めていることである。タイの地方では初等教育の普及の過程で、村や寺院が中心となって学校を作ってきた歴史があり、「一つの村に一つの寺院と一つの学校」が基本的なコミュニティの形となった。小学校は地域コミュニティの核であるということである。

　村田（2007）によると、義務教育確立期の1908年に村委員会が設立され、村委員会が村の小学校の運営に当たることとなった。学校への村人の支援は、村委員会と寺院に設けられた寺院委員会を通して行われるようになった。義務教育普及期の1950年代後半から1960年代にかけて多くの地方の学校には学校委員会が設立され、学校に対し同委員会が支援活動を展開した。しかし、学校委員会への直接の寄付は少なく、村委員会や寺院委員会を通して行われた。

　現在は、教育省基礎教育委員会事務局が村の小学校を管理しており、村や寺院の運営・財政とは切り離されているものの、学校は村や寺院に支えられて存続している。日本でも小学校は地域のコミュニティの核となっているが、タイでは日本以上に地域・寺院と学校の関係が密接であると考えられよう。

　二つ目は、通学距離の問題である。小規模学校をなくして近隣の学校と統合した場合、通学手段として車が必要になる。保護者や児童の利便性を考慮して小規模学校を残しているのだという。つまり、小規模学校は地域コミュニティの教育保障に役立っているということである。

教育省から各学校に運営予算を配分する際、児童数で予算配分額を決定している。タイ教育省基礎教育委員会（2015）によると、2016年度は一般の国立初等学校であると児童一人当たり基礎助成が年間1,700バーツあり、教科書・教材・学習者発達活動費などを含めて児童一人当たり年間3,691～3,948バーツの予算配分がある。ゆえに、学校規模が小さくなると学校に配分される予算が少なくなるという問題がある。そのため、全校児童数が120人以下の小規模学校に対しては、一人当たり500バーツ加算されている。

　タイの国立初等学校は全国183 の初等教育地区事務局によって管轄されている。各初等教育地区には全校児童数1,000人を超えるような大規模学校がそれぞれ数校設置されている。大規模学校は小規模学校よりも広域から通学できるように通学区域を設定している。チェンマイ第1初等教育地区にある大規模学校の教員へのインタビュー調査によると、大規模学校は地域の教育研究センターとなり、周辺の小規模学校に対して教育面、運営面などサポートをする役割がある。保護者は、村にある学校（小規模学校が多い）か、街の中心地にある大規模学校のどちらに進学するのかを選択できる。大規模学校に関しては、入学希望者が定員を超える場合、基本的には抽選によって入学者を決定する。

3．調査概要

　本研究課題を遂行するために、教育省基礎教育委員会チェンマイ第1初等教育地区事務局管轄の一般の国立初等学校で調査を実施した。チェンマイ第1初等教育地区は、チェンマイ市および近郊地域（ドーイサケット郡、サンカムペーン郡、メーオーン郡）の国立初等学校を管轄しており、都市地域、農村地域、さらには山岳地域が含まれている。特に農村地域や山岳地域では小規模学校が多くなっている。今回選定されたチェンマイ第1初等教育地区は、都市地域、農村地域、山岳地域といった様々な特色を持つ地域を

内包していることから、本課題の研究対象として相応しいと判断された。

　2016年６月９日～15日にかけて小規模初等学校12校において児童および教員に対してアンケート調査を実施した。筆者が各学校に訪問し、初等６年生の全出席児童と正規教員に対して直接アンケートをとり、児童120人、教員73人から回答を得た。アンケートは選択肢方式が中心であり、一部自由記述を設けている。調査対象の学校はチェンマイ市内５校（児童60人、教員30人）、郊外・農村部４校（児童27人、教員23人）、山岳地帯３校（児童33人、教員20人）である。表12-2は調査対象校と回答数を表している。また、調査対象校12校のうち、A校とE校を除く10校の校長に対して、半構造化面接法でのインタビュー調査を実施した。

表12-2　調査対象校と回答数

	児童	教員	地域		児童	教員	地域
A校	10	4	チェンマイ市内	H校	5	5	郊外・農村部
B校	14	9	チェンマイ市内	I校	7	4	郊外・農村部
C校	8	2	チェンマイ市内	J校	13	8	山岳地帯
D校	8	6	チェンマイ市内	K校	14	8	山岳地帯
E校	20	9	チェンマイ市内	L校	6	4	山岳地帯
F校	6	5	郊外・農村部	小計	120	73	―
G校	9	9	郊外・農村部				

4. 考察１——教員アンケートから

　本節は、教員アンケートの結果に基づき、小規模学校に勤務する教員が小規模学校の利点や課題をいかに捉えているのかについて検討する。回答した教員の属性として、性別は男性22人、女性51人で約７割が女性である。年齢構成をみると半数以上が50代以上（38人）であり、20代が９人（12.3％）、30代が18人（24.7％）、40代が８人（11.0％）である。当該校での勤続年数

をみると、10年以上が63人で86.3％となっている。タイの国立学校では学校間の転勤はほとんどないため、長期間勤務している者が多くなっている。

(1)　望ましい学校規模

　まず、教員たちは小規模学校が望ましいと考えているのかどうかを明らかにする。アンケートのなかで「望ましいと考える学校規模はどのくらいか」という質問をした。望ましい学校規模を「121－200人」と答えた教員が33人（45.2％）で最も多かった。次に多かったのは「120人以下」で29人（39.7％）であり、小規模学校の教員の約4割は勤務校の学校規模が適正であると考えている。「201～300人」が7人、「301人以上」が3人で、無回答が1人であった。教員の約4割が「120人以下」の学校規模が望ましいと考えている一方で、半数以上は「121人以上」の規模が望ましいと考えており、小規模学校での教育の課題を感じていることがうかがえる。

(2)　小規模学校のメリット

　次に、小規模学校の教員が考える小規模学校のメリットを明らかにする。アンケートで「あなたは小規模学校にはどのような点でメリットがあると考えていますか。（複数回答可）」と質問を設定し、「教育指導」「人間関係」「設備教材」「組織運営」「通学距離」「地域連携」の6つの視点から回答項目を設けた。具体的には、「1. 一人ひとりの児童に丁寧に指導ができる」「2. 児童が少ないので特定の人間関係が深まりやすい」「3. 児童が少ないので施設・設備が使いやすい」「4. 教員が少ないので意見がまとまりやすい」「5. 児童の家と学校の距離が近い」「6. 学校と保護者・地域社会との連携が強い」という項目を立てた。

　小規模学校の教員が最もメリットであると感じている面は「1. 一人ひとりの児童に丁寧に指導ができる」ことであり、70人（95.9％）が回答した。小規模学校では児童数が少ない分、一人ひとりに目をかけることができる利点があるのだろう。

　その次にメリットであると感じている面は「２．児童が少ないので特定の人間関係が深まりやすい」ことであり、61人（83.6％）の教員が回答した。それ以外の項目については、「３．児童が少ないので施設・設備が使いやすい」は16人（21.9％）、「４．教員が少ないので意見がまとまりやすい」は30人（41.1％）、「５．児童の家と学校の距離が近い」は33人（45.2％）、「６．学校と保護者・地域社会との連携が強い」は44人（60.3％）が回答した。

⑶　小規模学校のデメリット

　メリットに続いて、小規模学校の教員がデメリットを感じている面について検討する。アンケートで「あなたは小規模学校にはどのような点でデメリットがあると考えていますか。（複数回答可）」という質問を設定し、「競争協力」「人間関係」「設備教材」「教育運営」「組織運営」「寄付金」「地域連携」の７つの視点から回答項目を設けた。具体的には、「１．児童同士の競争や協力がうまれにくい」「２．児童が少ないので多様な人間関係をつくれない」「３．施設や設備を充実できない」「４．教員・児童が少ないので複式学級になる」「５．教員同士の競争や協力が生まれにくい」「６．寄付金が少ない」「７．学校と保護者・地域社会との連携が弱い」という項目を立てた。

　教員が最もデメリットに感じている面は「４．教員・児童が少ないので複式学級になる」ことであり、48人（65.8％）が回答している。一方で、「２．児童が少ないので多様な人間関係をつくれない」「５．教員同士の競争や協力がうまれにくい」と回答した教員はそれぞれ３人（4.1％）であり、ほとんどいなかった。

　保護者・地域社会との連携については、メリットとデメリットの双方となり得ることから、双方に項目を立てた。小規模学校は村に根差した学校であるため、村の人々の支援を受けやすいという点ではメリットになり得る一方で、村の学校であるがゆえに関わる人々が限定的であると捉えるのであればデメリットになり得る。小規模学校教員は「連携が強い」をメリッ

トとしているのが44人（60.3％）であるのに対し、「連携が弱い」をデメリットとしているのが1人（1.4％）であり、地域との「連携が強い」と感じている教員のほうが多いことがわかった。

それ以外の項目については、「1．児童同士の競争や協力がうまれにくい」は19人（26.0％）、「3．施設や設備を充実できない」は33人（45.2％）、「6．寄付金が少ない」は35人（47.9％）が回答した。しかし、全体的にデメリットの回答数は少なく、地域コミュニティに根差した小規模学校であることにメリットを感じている教員が多いことがわかった。

(4)　小規模学校の存続と統廃合に対する意識

小規模学校の存続と統廃合に対する意識を明らかにするため、教員に対して「あなたは行政が学校統廃合を進めるべきだと思いますか。」と質問項目を設けた。「思う」と回答した教員が11人（15.1％）、「少し思う」と回答した教員が33人（45.2％）、「思わない」と回答した教員が27人（37.0％）、無回答2人であり、教員の6割以上が学校統廃合に関して肯定的に捉えていることがわかった。

続いて、「学校統廃合をするにあたって障壁となるものは何だと思いますか。（複数回答可）」という質問をしたところ、「通学距離の問題」が49人（67.1％）、「地域コミュニティの問題」が47人（64.4％）、「予算・財政の問題」が33人（45.2％）、「法制度上の問題」が12人（16.4％）と回答しており、小規模学校教員の約3分の2が「通学距離」および「地域コミュニティ」が学校統廃合を推進する上での障壁となると考えていることがわかった。小規模学校が、学校や地域コミュニティの結びつきや地域コミュニティの教育保障のもとで存続していることが現場の意見からも読み取れる。

5．考察2──児童アンケートの分析

本節は、児童アンケートに基づき、小規模学校に通う児童が自分の学校

の利点や課題をいかに捉えているのかについて検討する。児童の性別をみると、男子60人（50.0％）、女子59人（49.2％）、無回答1人であった。

　児童の属性を図るために、児童の父親の職業をたずねた。児童の父親の職業で多かったものは、①日雇労働者（建設労働者）が40人、②商人が20人、③農民が19人である。その他に職人、警備員、主夫などの回答が多く、ほとんどがブルーカラーの職業であった。これらの職業は比較的賃金（現金収入）が低く、ラタピパット（2018）が指摘するように小規模学校は地方の比較的貧しい子どもたちに教育機会を与えていることがわかる。

(1)　通学時間と通学手段

　まず、通学時間と通学手段について確認する。この項目はアクセシビリティを測るものである。児童の通学時間は10分以内が75人（62.5％）で最も多かった。30分以内が34人（28.3％）で児童の9割以上が30分以内に通学している。また、児童の通学手段は、徒歩43人（35.8％）、自転車（20.8％）、自動車（40.0％）と回答しており、児童の半数以上が徒歩か自転車で通学している。つまり、地域コミュニティのなかに学校があることで、子どもたちが教育にアクセスしやすくなっていると言えよう。

(2)　小規模学校のメリット

　次に、小規模学校の児童が考える小規模学校のメリットを明らかにする。アンケートのなかで「あなたは自分の学校で良いと思うところは何ですか。（複数回答可）」と質問を設け、「教育指導」「人間関係」「設備教材」「組織運営」「通学距離」「地域連携」の6つの視点から回答項目を設けた。具体的には、「1．先生が丁寧に指導してくれる」「2．他の学年の友達ができる」「3．施設や教材をよく使える」「4．先生たちの意見がまとまっている」「5．家と学校が近い」「6．地域の人との交流が多い」という項目を立てた。

　児童が最もメリットであると感じている面は「1．先生が丁寧に指導してくれる」ことであり、83人（69.2％）が回答した。児童の7割近くは先

生がよく見てくれていると感じていることがわかる。

それ以外の項目については、「2．他の学年の友達ができる」は30人（25.0％）、「3．施設や教材をよく使える」は37人（30.8％）、「4．先生たちの意見がまとまっている」は24人（20.0％）、「5．家と学校が近い」は51人（42.5％）、「6．地域の人との交流が多い」は15人（12.5％）が回答した。

⑶　小規模学校のデメリット

メリットに続いて、児童が自分の学校についてデメリットを感じている面について検討する。アンケートで「あなたは自分の学校で良くないと思うところは何ですか。（複数回答可）」と質問を設定し、「競争協力」「人間関係」「設備教材」「教員」「卒業生」「地域連携」の6つの視点から回答項目を設けた。具体的には「1．児童同士の競争や協力が少ない」「2．友達（クラスメイト）が少ない」「3．施設や教材が充実していない」「4．先生が少ない」「5．卒業生が少ない」「6．地域の人との交流が少ない」という項目を立てた。

最も多く回答されたものは「4．先生が少ない」ということで、55人（45.8％）が回答した。小規模学校では教員の数が5〜10人のところが多いことから、児童と教員がお互いのことをよく知ることができるという利点はあるものの、特定の教員の影響を受けやすかったり、多様な価値観に触れられなかったりする問題があると考えられる。

それ以外の項目については、「1．児童同士の競争や協力が少ない」は6人（5.0％）、「2．友達（クラスメイト）が少ない」は10人（8.3％）、「3．施設や教材が充実していない」は13人（10.8％）、「5．卒業生が少ない」は15人（12.5％）、「6．地域の人との交流が少ない」は10人（8.3％）が回答した。教員アンケートと同様に、全体的にデメリットの項目について回答した児童は多くなかった。

地域の人との交流に関しては、メリットとしてもデメリットとしても捉えていない児童がほとんどであった。メリット（地域の人との交流が多い）

と答えた児童は 15 人（12.5％）であり、デメリット（地域の人との交流が少ない）と答えた児童は 10 人（8.3％）であった。

　教員は「地域との連携が強い」という回答が多い一方で、児童はどちらの回答も少なかった要因として、直接的な教育活動に関して、地域の人が関わる機会がほとんどないことが考えられる。地域の人は直接的な教育活動よりも学校運営の面で学校に協力している。2003年から各学校に基礎学校運営委員会が設置されている。村田（2007）によると、基礎学校運営委員会は校長、教員のほかに村長、地域住民、公務員、卒業生、宗教者、有識者などによって構成されており、基礎学校運営委員会は学校への補助、子どもの就学補助、地域活動の組織運営などに加えて、学校の教育活動や学校経営への指導助言をする役割を有している。

6．考察3──校長へのインタビュー調査の分析

　アンケート調査を補完するために、10校の校長へのインタビュー調査を実施した。本節は、校長のインタビュー調査の結果を分析する。校長へのインタビュー調査において、⑴貴校が小規模学校となった要因、⑵小規模学校のメリット、⑶小規模学校のデメリットの3点について質問した。

　⑴小規模学校となった要因としては、「出生率の低下、子どもの数の減少」（C・D・G・H・J・L）が挙げられている。それに加えて、「経済成長や価値観の変化による影響で、保護者が都市部の大規模学校や私立学校に子どもを通わせる傾向にある」（B・C・F・G・K）というように親が地域コミュニティにある学校ではなく、都市部の学校に子どもを通わせる傾向になっていることも指摘されている。

　⑵小規模学校のメリットとしては、「子どもの管理がしやすい、教員が子どもの成長をよく見ることができる」（B・C・D・F・G・H・I・J・K・L）ことを全員が挙げていた。また、「学校は村の所有であり、学校がなければ村やお寺が寂しくなる」（D）や「地域の協力を得やすい」（G）といっ

た地域コミュニティとのつながりを指摘した校長もいた。

　(3)小規模学校のデメリットとして、「教員不足」（B・C・D・H・I・J・K）
と「予算不足」（B・C・D・F・G・H・I・J・K・L）が深刻な課題であると
ほとんどの校長が指摘していた。教員不足、予算不足に伴って体験型の教
育活動が十分にできなかったり、教材を購入できなかったりするという指
摘があった。またメリットとデメリットの両方に「貧困家庭の子や無国籍
の子が多く通う」（D）という指摘もあった。チェンマイ県はタイ国籍を
持たない山岳少数民族やミャンマーからの移民が多く住んでいることから、
地域コミュニティの学校はそのような子どもたちの受け皿となっているこ
ともわかった。

7．まとめ

　本稿は、タイの小規模学校の教員・児童の教育意識に着目し、地域コミュ
ニティにおける教育保障という観点から小規模学校の役割と教育課題を考
察してきた。

　小規模学校の存在意義として、児童の家から学校へのアクセスがよく、
比較的貧しい子どもたちにも教育機会が与えられることが挙げられる。児
童アンケートや校長インタビューの結果から、小規模学校は低所得層の子
どもたちに教育の機会を保障する上で重要な役割を果たしていると言えよ
う。

　また、初等学校は地域コミュニティの核となっていることから統廃合が
進まないという事情がある。地域コミュニティにおける教育保障と地域コ
ミュニティの核としての役割が、小規模学校が存続する要因となっている。

　教員アンケートの結果から、教員は教育面において小規模学校のメリッ
トを感じていることがわかった。小規模学校は教員が少なく多様な教育活
動の展開は難しいものの、教員が児童一人ひとりを丁寧に見ることができ
るという特長がある。一方で、学校現場における教員の絶対数や予算が足

りなく、実施できる教育活動に制限があるという課題に直面している。小規模学校に勤務する過半数の教員が、統廃合に賛成していることからも教員自身も小規模学校での教育に限界を感じていることがうかがえる。

　そのような中で小規模学校において、教員不足という教育課題を解消するために、近隣の小規模学校同士でネットワークを持ち、教育面でお互いサポートする取り組みが実施されている。また、多くの小規模学校では衛星中継や映像教材（DLTV）を活用して、教員が不足する中でも教育の質を担保できるような教育活動が展開されている。

　今回の調査において、都市地域、郊外・農村地域、山岳地域で調査をした。地域による差はほとんど見られなかったものの、児童アンケートで「地域の人との交流が多い」と回答した児童は、山岳地域のみであったことが特徴的であった。このことは、山岳地帯の児童や地域住民に少数民族が多いことが影響している可能性が考えられる。

　本稿は教員・児童の意識調査から地域コミュニティにおける教育保障と小規模学校の教育課題を考察してきたが、今後の研究においては、予算、教員配置、設備教材など具体的なデータを用いた分析を試みたい。

〈謝辞〉

　本研究はJSPS科研費（JP15H06688）の助成を受けたものである。

【注】

1) 立憲革命は1932年6月24日に起こった無血革命である。プリーディー・パノムヨンを中心とした人民党が、国王ラーマ7世に対し、王族を人質にとって立憲君主制へ移行するように要求した。国王は人民党の要求に応じて憲法を公布し、タイは絶対王政から立憲君主制に移行した。（末廣2009を参考）

2) World Bank, World Development Indicators（http://databank.worldbank.org/）（最終確認日：2019年3月29日）より。タイのTFRは1990年で2.1%、2000年で1.7%、2010年以降は1.5%と推移している。

【引用文献】

末廣昭（2009）『タイ―中進国の模索―』岩波新書。

村田翼夫（2007）『タイにおける教育発展―国民統合・文化・教育協力―』東信堂。

Dilaka Lathapipat（2018）"Inequalities in Educational Attainment," G.W. Fry editor, Education in Thailand: An Old Elephant in Search of a New Mahout, Springer, pp.345-372.

พทยุตม์ กงกุล และ สทธพร นิยมศรส มศกดิ์ (2012) รูปแบบการใชช้ มชนเป็ นฐานในการบรห ารโรงเรย น ขนาดเล็ก. วารสารการศก ษาและการพฒนาสงั คม. ปีที่ 8 ฉบับที่ 2. คณะศกษาศาสตร์ มหาวทยาลยบูรพา
（ピタユット・コンクン、シッティポン・ニヨムスリソムサック「小規模学校運営のコミュニティベースドモデル」『教育と社会開発ジャーナル』8 巻 2 号、ブラパー大学教育学部）

รุ้งลาวณย์จนทรัตนา และ นิ่มอนงค์ งามประภาสม (2013) กลยุทธการบรหารจดการเพอื พฒนาคุณภาพการศกษาของโรงเรยืนขนาดเล็กบนพนทสูงในเขตภาคเหนือตอนบน. วารสารศกษาศาสตรม์ หาวยาลยนเรศวร.ปีที่ 15 ฉบับที่ 3. (ルンラワン・チャンタラタナ、ニムアノン・ガムプラパソム「北部高地地域における小規模学校の教育の質を高めるための管理戦略」『ナレスワン大学教育ジャーナル』15巻3号）

สำนักงานคณะกรรมการการศกษาขนพืนฐาน (2015)

กระทรวงศกษาธการแนวทางการดำเนินงานโครงการสนับสนุนค่าใช้จ้ายในการจดการศกษาตงั้ แต่ระดับอนุบาลจนจบการศกษาขนพืนฐานปี งบประมาณ พ.ศ.๒๕๕๙. (タイ教育省基礎教育委員会事務局『教育費用支援プログラムのガイドライン 2016年度』)

日本国際教育学会30年のあゆみ

創立20周年から 30周年までの組織活動を中心に

金塚　基（東京未来大学）

新関ヴァッド郁代（産業能率大学）

1. 学会創立の理念と活動

　国際教育研究を基軸に国内外を問わず幅広い研究活動を行ってきた当学会は、1990年に「日本国際教育学会」が設立されてから2020年で創立30周年を迎えた。

　当学会創立時の初代会長である東京大学教授（当時）の松崎巌が「学会設立趣意」において訴えた教育研究の国際化の必要性は、その後に直面するグローバル化の流れを予見するものとなった。そのなかで強調されているのは、「人類愛に根ざした哲学とそれに基づく学問研究の継続」であり、これを当学会では創立以来の基本的なテーマとしている（日本国際教育学会 1990, p. 1）。学会設立の経緯を振り返れば、その布石となった活動に、東京大学教育学部のメンバーを中心とした1960年代の「国際教育研究会」「アジア教育研究会」や1970年代の「火曜研究会」における活動が挙げられる（日本国際教育学会 1990）。折しも日本の国際社会における諸活動の進

展に伴い、「教育の国際化」や「国際化のための教育」をテーマとする研究が求められるなか、先駆的な取り組みであった。そこでの活動実績をもとに1990年5月12日付けで根拠規則を発効させ、役員を互選し、「国際教育研究会」が発足したのである。これを足がかりに、その後は直ちに学会設立への協力が国内外の関係機関や研究者に呼びかけられ、学会設立に向けた総会が東京大学教育学部で開催されたのが同年7月8日のことである。総会では、研究会から学会への移行手続きの提案に加え、学会規則などの諸規程の提案がなされ、審議の結果、1990年8月8日付けで「日本国際教育学会」を設立することが全会一致で可決された。ちょうど30年前のことである。

　節目となる学会創立30周年を迎えるにあたり、2016年度には「学会創立30周年記念事業企画委員会」が設置され、学会創立30周年記念論集の刊行、台湾での国際シンポジウムへの特別参加などが企画された。また、研究大会に関しては、30回目となる記念大会が、2019年9月7～8日に京都市の大谷大学にて開催された。記念大会では公開シンポジウムを2本立てとし、「国際教育学の課題と方法を考える──ポストコロニアルの先住民族教育研究を踏まえて」および「仏教の国際化と教育」が企画された。それぞれのシンポジウムのテーマは、国際教育の視点が色濃く打ち出されたものであったことに加え、国際的に活躍する研究者がシンポジストの半数を占めるものとなった。また、本記念大会では「国際比較から見る教員の働き方改革」をテーマとする課題研究も実施され、学会創立30周年を記念するに相応しい研究大会となった。

　このように国際性の高いテーマを追求してきた日本国際教育学会であるが、当学会の「国際」が示唆する意味について、岩﨑正吾前会長は以下のように述べている。

　　……「国際的」であることは「内と外」および「同質と異質」を含めて「多様なものを認めること」を前提しているということです。私なり

に一言で言えば、教育に関わる自己・自地域・自民族・自国中心の価値を相対化し、教育における多様な価値を認め合い、研究と議論を通して共通の価値を創造していこうと努力することではないかと思います。この意味での国際性、すなわち「国際的」であることは、日本国際教育学会がこれまでも追求してきたし、これからも真摯に追求しなければならない課題だと考えています。(JIES NEWSLETTER No.24, 2013, p. 2)

この考えは、松崎初代会長の「人類愛に根ざした哲学」という学会設立趣意に即した内容であり、かつ、当学会の「国際性」に関わるテーマがより具体的に掘り下げられていることを示すものである。

さて、佐藤千津会長は、20周年を迎えたときの前田耕司元会長が30周年に向けた会長の務めとして挙げた2点、すなわち「全国的に高い認知度が得られるような学会にすること」および「若い研究者にとって希望の持てる学会になっているようにすること」に言及し、これらについては過去10年で大きな成果を上げることができたと振り返っている (JIES NEWS-LETTER No.30, 2019, p. 2)。実際に、30周年記念大会におけるシンポジウムならびに課題研究はその前者の成果の一端であり、また、全国はもとより海外からも選出されるようになった理事の多様性や、各種委員会委員・幹事の若手会員への委嘱率の高さは、その後者を反映していると見ることができる。

学会創立30周年を迎え、学会が更なる飛躍を図るには、改めて日本国際教育学会のアイデンティティを問い直し、学会としての研究活動や運営体制を振り返りつつ、国内外の教育をめぐる諸状況の変容を審らかに見据える姿勢を堅持していくことが不可欠だと言えよう。

学会創立20周年を記念して刊行された『日本国際教育学会創立20周年記念年報〈国際教育学の展開と多文化共生〉』の「日本国際教育学会20年のあゆみ」(日本国際教育学会創立20周年記念年報編集委員会 2010, pp. 175-183) では、学会の設立経緯やそれまでの組織活動が詳細に整理されている。

そのなかで示された先人による数多くの研究・実践蓄積は、学会の歴史としてだけでなく、国際教育の将来に向けた貴重な糧である。よって本稿では、そうした学会の歩みに敬意を表しつつ、創立30周年という組織にとって重要な節目を迎えたことを機に、それ以降、つまり創立20～30周年の組織活動の経緯を中心に振り返ることとしたい。

2. 学会組織活動の経緯（第21期～第30期）

⑴　学会の組織

　学会の組織としての規模についてであるが、2020年7月末時点で正会員190名となっている。なお、第21期（2010年）以降の会員数の増減は図1「会員数の推移（2010年度～2019年度）」の通りである。各年度内での集計時期に若干の異なりはあるが、204名（この他、国外会員80名）（2010年度）、204名（国外会員108名）（2011年度）、216名（国外会員115名）（2012年度）、188名（2013年度）、194名（2014年度）、195名（2015年度）、183名（2016年度）、181名（2017年度）、184名（2018年度）、そして190名（2019年度）となっている[1]。なお、年度によっては多少の減少がみられるが、これは主に学会規則の改正などを背景としたものと考えられる。例えば、2013年度の会員数の縮減も、海外在住者の会員資格を変更し、2013年度以降は国内会員と国外会員の区別を廃止したことや、「会費納入に係る申し合わせ」の策定により会費長期未納者が除籍となったためである。それに加え、近年の大学教員などの研究費減額や近接領域における他学会の新設などもまた、当学会の会員数の抑制に少なからず影響を与えてきたと思われる。しかし一方で、当学会員のなかには長期間にわたり在籍する会員も比較的多くおり、それは何より前述のような堅実な学会の理念ならびに運営が評価されてきたが故であると言えよう。

　会長をはじめとする主な歴代役員の変遷については、末尾の表3に示し

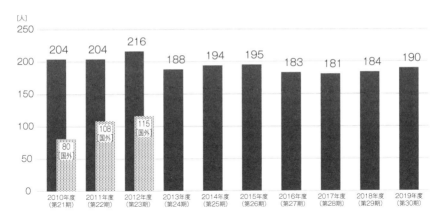

図 1 会員数の推移（2010 年度～2019 年度）

た通りである（JIES NEWSLETTER No.22-No.30）。常任理事は日本国際教育学会規則第 6 条により、正会員で会費納入者のなかから正会員の投票によって選挙されるようになっているが、一定数の役員が外国籍理事によって組織されていることは、当学会の際立った特徴の一つである。なお、本表中には掲載していないが、会長、副会長、常任（特任）理事、事務局（次）長、紀要編集（副）委員長の他、会計監査、各種委員会（常設の学会賞選考委員会や選挙管理委員会に加え、アドホックな紀要電子化推進委員会、創立30周年記念事業企画委員会、創立30周年記念論集編集委員会など）の担当役員が置かれており、学会のさらなる発展を目指し、組織的な活動が適時展開されてきた。そして、それらのメンバーには多くの若手研究者が選出されており、若手研究者の育成に広く門戸を開いている点も、先に述べた多様なバックグラウンドからなる役員体制とあわせ、当学会全体としての大きな特色である。

(2)　研究大会と研究会

日本国際教育学会の基礎となる主な活動として、毎年秋に秋季研究大会、

春に春季研究大会の2回の研究大会を開催してきた。春季研究大会については、創立20周年を機に、かつて開催されていた「春季研究会」に変更する提案が2009年の第20回総会で当時の前田耕司会長から提案された。変更理由は、⑴若手会員が各自の研究に関する討論を十分に行う時間を確保するとともに、⑵春季研究会における優れた発表には、研究ノートなどとして紀要への掲載を検討することで研究業績とすることであり、2010年からは春季研究会として開催された。2011年は、直前に発生した東日本大震災の影響で開催中止となった。また、変更理由の2点目に関わって、2012年からは、春季研究会で口頭発表を行い、春季研究会実行委員会から優秀発表者として推薦され、かつ紀要『国際教育』に投稿した会員の論文を「春季研究会推薦論文」として『国際教育』に掲載することとなり、第18号から第20号まで計8本が掲載された。この意欲的な試みにより、春季研究会の発表者が急増し、秋季研究大会の発表件数と変わらない発表件数に達するにいたった。しかし、それ故に前述したような春季研究会の目的、すなわち1件の発表に対して十分な討論の時間を割くことが困難になるとともに、会場校の負担が大きくなるという課題が生じ、2014年を最後に春季研究会を取り止めなければならなくなったことは皮肉である。以後は別の方向性を視野に入れた調整・検討を目指すこととなった。

　以降、主要な研究大会となった秋の研究大会では、末尾の表2に示されているように、従来からの講演、シンポジウムおよび自由研究発表に加えて、複数の課題研究テーマの部会を開催するようになっている。これらの課題研究テーマの取り上げられ方には、日本国際教育学会の研究動向が反映されていると言ってよいだろう。こうした研究大会の案内と様子は、学会の運営状況や各種研究会の情報などとともに年1回発行される"JIES NEWSLETTER"（2020年2月まで通算31号）に掲載されている。

　また、研究活動成果の公表としては、日本国際教育学会紀要の『国際教育』（2019年9月まで通算25号）を年1回発行してきた。2012年発行の第18号からは学事出版より市販されている。また、この度の学会創立30周年を

記念して通常の紀要とは別に『学会創立30周年記念論集』を刊行することとなった。本記念論集は「国際教育とコミュニティ」をテーマとして、様々なコミュニティで生起する教育の今日的課題に対し新たな論点を提示することを試みるものである。

(3) 大会のテーマと活動など

　研究大会において企画されるシンポジウム、そして課題研究は学会活動の象徴でもある。末尾の表2は第21回大会以降のシンポジウムテーマおよび研究課題などの題目を一覧として示したものである（JIES NEWSLETTER No.22-No.31）。過去10年は、大会でシンポジウムのほかに、毎年必ず課題研究が設けられるようになり、年によっては複数の多彩なテーマの課題研究があり、研究活動が充実してきていることが見て取れる。また、シンポジウムや課題研究のテーマを概観すると、一貫して国際教育に視点が置かれていることは言うまでもないが、なかでも、2012年の第23回大会の頃からすでに先住民族の教育権がテーマとして取り上げられていたことは、2019年のアイヌ新法の施行に至る過程に位置づけて振り返ってみると意義深い。

　また、先住民族問題のみならず、海外からの留学生や海外につながりをもつ子どもの教育問題を背景とした学力形成をテーマとするものや国際理解、多文化共生などのテーマも継続的に探究されている。これらの研究テーマもまた、多様な局面において国際化が進展している社会的潮流を捉えた上で、改めて取り組むべき課題として掘り下げられているのである。

　ヒト・カネ・モノのグローバルな展開の進展に伴って、労働力が不足している国や地域に仕事を求め移動する人々が増えている。日本でも2019年に在留資格の改正という外国人労働者受け入れ拡大の政策が実施されたことを契機に、社会におけるボーダーレス化がいっそう促進されつつある。したがって、すでに移民労働者を受け入れて久しくなっている高所得国の国々同様に、日本もまた、受け入れ国として多文化共生社会の形成の課題

に直面するようになったと言える。

　移民の受け入れを背景とした民族問題やテロなどの事案が世界各国で噴出しているなか、日本もこうした諸問題に対して傍観的立場を取るわけにはいかない。つまり、これまでの日本社会のあり方や文化的要因に対する反省、持続可能な社会の再生産に向けた課題などが切迫したテーマとして浮上する可能性は極めて高いのである。そうした状況のなかで、当学会の大会シンポジウムや課題研究には、先駆的にこれらの諸問題をテーマとして反映したものが多く見られており、当学会の社会的意義を裏付けると言えよう。また、そのような諸問題を解決する方法の一つのとして「多文化・多民族共生」の課題が一貫して取り上げられてきたことは、当学会の特色でもある。

　創立以来、当学会が問い続けてきたことは、国際教育学に対する独自の領域・方法に関する意識である。他の類似する学会が次々と設立されていくなかで、日本国際教育学会のアイデンティティ、即ち、国際教育学の領域と方法の差別化を図るためのオリジナリティを絶えず追究してきたリフレクティブ（内省的）な姿勢は、当学会が30年にわたって堅実な発展を遂げてきた礎となっている。

3．今後に向けて

　以上、本稿では日本国際教育学会の初代会長による創立時の基本命題を振り返りながら、創立20〜30周年の組織活動を中心に学会の歩みを整理してきた。学会組織活動の経緯のなかで強調されるのは、学会を取り巻く社会的状況の変化に即応した運営が行われてきた点と、若手研究者の育成に重点が置かれ続けてきた点である。特に後者は、研究大会などにおける若手研究者による成果報告の機会が拡充されていることにも表れており、それは本稿において繰り返し述べてきた通りである。

　また、各種の主要な学会活動のなかでは、一貫してアイデンティティで

ある国際教育に視点が保持されてきたが、これは学会の学術領域や視点の偏狭性を意味するものでは決してない。むしろ、日本国際教育学会が遂行してきた研究分野は極めて多岐にわたっており、ここで言及した活動以外にも当学会には特徴的な活動が多い。これらの諸活動は、当学会の目標に即してこれまでの歴代の会長の言明をはじめ、また、多くの投稿論文のなかから精選され掲載された日本国際教育学会紀要の内容にも反映されている。したがって、当学会の蓄積は重く、その存在の学術的および社会的意義を堅固なものにしている。

　このような当学会の文化的価値とも言える体制の維持と発展は、今後とも深められるべく課せられた社会的使命としてあり続けるだろう。当学会には、劇的に変化し続ける世界情勢のなかでこれらの蓄積を基盤としつつ、未来を見据えた方向性と独自性を堅持した上で、着実な研究活動の推進の継続が期待されよう。

表 2 大会シンポジウムテーマ、課題研究などの一覧（第 21-30 回）

回/項目	開催日	開催場所	シンポジウム等テーマ	課題研究	実行委員長
第21回	2010年9月11日～12日	仙台白百合女子大学	基調講演「希望のそよ風―世界平和の実現に向けて―」講演「台湾高等教育機関における華僑子女の受け入れ戦略と課題」	「生涯学力形成のメカニズムに関する比較研究」	牛渡淳
第22回	2011年9月10日～11日	首都大学東京南大沢キャンパス	「21 世紀を生きる学力とは何か―学校学力から生涯学力へ―」	「国際移動と教育―外国人児童・生徒の学力形成―」「グローバル時代の日本における『教育機会均等』の意義と課題」	岩﨑正吾

第23回	2012年9月 29日～30日	国際教養 大学	「グローバル化時代の 魅力ある大学づくり― 東アジアの視点から―」	「先住民族の教育権保障に 関する国際比較研究（1） ―日本とオーストラリアの 現状と課題について―」「東 日本大震災における日本在 住外国人の対応」「グロー バル・スタディズ教育の理 念と実践」	山﨑直也
第24回	2013年9月 28日～29日	日本大学 文理学部	「学校における国際教 育の実践と課題」	「先住民族の教育権保障に 関する国際比較研究（2） ―アファーマティブ・アク ションと先住民族学校をめ ぐる現状と課題―」「外国 につながる子どもの教育・ 支援に大学がど うかかわるか」	羽田積男
第25回	2014年9月 13日～14日	宇都宮大 学峰キャ ンパス	「先住民族の文化復興 と教育」	「先住民族の教育権保障に 関する国際比較研究（3） ―メキシコ・台湾における 権利獲得運動の到達点と課 題―」	廣瀬隆人
第26回	2015年9月 12日～13日	相模女子 大学	「ミクロネシア地域の 教育課題」	「学力政策の国際比較」	渡辺幸倫
第27回	2016年9月 10日～11日	安田女子 大学	「世界の中の国際理解 教育」	「多文化共生教育の国際比 較」	大庭由子
第28回	2017年9月 2日～3日	福岡女学 院大学	「多文化共生の学びと 育ち」	「日豪比較を通した先住民 族の指導者・教員養成の展 開と課題」「複言語・多言 語環境における教育支援の 課題」	吉田尚史
第29回	2018年9月 29日～30日	一橋大学	「外国人留学生と国内 学生の『混住寮』にお ける教育的機能を考え る」	「高等教育における学住一 体をいかに実現するか？― 中国語圏における『現代書 院制教育』の示唆―」「学 校教育における組織的行動 力の育成とソーシャル・ キャピタル―日本・台湾・ タイでの取組み―」	太田浩

| 第30回 | 2019年9月
7日〜8日 | 大谷大学 | 「国際教育学の課題と
方法を考える―ポスト
コロニアルの先住民族
教育研究を踏まえて
―」「仏教の国際化と
教育」 | 「国際比較から見る教員の
働き方改革」 | 田中潤一 |

表3 役員の変遷（第21-30期）

役員会期	会長	副会長	会長・副会長・紀要編集委員長を除く常任理事/特任理事	事務局長 事務局次長※	紀要編集委員長 副委員長※
第21-22期 (2010-2012)	前田耕司	岩﨑正吾	江原裕美、岡田昭人、金塚基、志賀幹郎、ロバート・アスピノール、裴暁蘭、鄭任智、朴三石、グレゴリー・プール、山口アンナ真美/牛渡淳、楊武勲	大迫章史 児玉奈々※	佐藤千津 入澤充※
第23-24期 (2012-2014)	岩﨑正吾	佐藤千津	牛渡淳、江原裕美、大迫章史、岡田昭人、羽田積男、平岡さつき、前田耕司、グレゴリー・プール、山口アンナ真美、楊武勲/鄭任智、ロバート・アスピノール	金塚基 田中真奈美※	山﨑直也 太田浩※
第25-26期 (2014-2016)	岩﨑正吾	佐藤千津	江原裕美、大庭由子、岡田昭人、西村貴之、羽田積男、福田誠治、前田耕司、若園雄志郎、裴暁蘭、楊武勲、山﨑直也/渡辺幸倫	山﨑直也 田中達也※ 寺野摩弓※	小川佳万 渡部孝子※
第27-28期 (2016-2018)	佐藤千津	山﨑直也	入澤充、岩﨑正吾、江原裕美、大庭由子、金塚基、田中圭治郎、玉井康之、福田誠治、前田耕司、森岡修一、楊武勲、吉田尚史、渡辺幸倫/玉井昇	玉井昇 呉世蓮※	坂内夏子 森岡修一※
第29-30期 (2018-2020)	佐藤千津	小川佳万	岩﨑正吾、太田浩、大庭由子、金塚基、栗栖淳、坂内夏子、白幡真紀、田中潤一、服部美奈、前田耕司、ゼーン・ダイアモンド、楊武勲、吉田尚史/ジェフリー・ゲーマン	坂内夏子 黒木貴人※	北野秋男 栗栖淳※

【注】

1) 2010年度（第21期）の会員数は、当時学会事務局が設置されていた仙台白百合大学が東日本大震災で被災したことに伴い、資料の一部が損失したため、JIES NEWSLETTER No.22（2010）を参考資料としている。2011年度（第22期）以降のデータはすべて「総会配付資料」による。

【引用・参考文献】

日本国際教育学会（2013.1）『JIES NEWSLETTER』No.24。日本国際教育学会（2019.1）『JIES NEWSLETTER』No.30。

日本国際教育学会（2010.12-2020.2）『JIES NEWSLETTER』No.22-No.31。

日本国際教育学会「総会配布資料」2012年—2020年。

日本国際教育学会創立20周年記念年報編集委員会編（2010）『日本国際教育学会創立20周年記念年報〈国際教育学の展開と多文化共生〉』学文社。

日本国際教育学会ホームページ（http://www.jies.gr.jp/）2020年7月アクセス。

日本国際教育学会（1990）「学会設立趣意」『日本国際教育学会要覧』（創設年度版）。

日本国際教育学会創立 30 周年記念論集
編集規程および投稿要領（抄録）

2018年11月23日　2018年度第 2 回理事会決定

【編集規程】

1．投稿された原稿の掲載は編集委員 2 名以上の査読者の審査に基づき、編集委員会の審議を経て決定する。編集委員会は必要に応じて編集委員以外の会員に査読を依頼することができる。審査の過程では投稿者に修正を要求することがある。掲載の可否については審査終了後に投稿者に通知する。

2．掲載が決定した論文については原稿の電子ファイルの送付を求める。

3．投稿者による校正は初校のみとする。その際、大幅な修正は認めない。

4．原稿の最終校正は編集委員会の責任において行う。

5．偽作、盗作、二重投稿等の事実が判明した場合は、採択ないし掲載の事実を取り消し、その旨を告知する。

【投稿要領】

1．募集する原稿は「国際教育とコミュニティ」に関する研究論文で未発表のものに限る。但し口頭発表はこの限りではない。

2．日本語による研究論文を募集する。研究論文以外の論稿は募集しない。

3．応募資格は日本国際教育学会会員（新入会の場合は理事会の承認を得た者）で当該年度までの会費を完納している者とする。

4．原稿の様式

(1)　パソコン使用で A4判横書き 1 頁35字×28行（原稿枚数で 400字詰×25枚厳守）、文字は引用・注を含め、10.5ポイントで作成。分量は10,000字以内（図表等を含む）。Word等で作成する。手書きによる原

　稿は原則受理しない。

⑵　審査の公正を期するため、投稿者は次の点に留意する。

　①原稿には氏名・所属機関名等を記入しない。

　②投稿者が特定される情報を原稿中に記入しない。つまり「拙稿」「拙者」などの投稿者名が判明するような記述はしない。

　③別紙 1（A4判）に論文題目、氏名、所属、連絡先（住所、電話・ファックス番号、メールアドレス）を記入する。

⑶　原稿にはページ番号を付する。

⑷　5つ程度のキーワードを表示する。

⑸　図表等を挿入する場合は挿入位置とサイズを表示する。

⑹　原稿と別紙 1 のファイル（Word及び PDF）を投稿締切日までに送付する。提出された原稿の差し替えや返却は行わない。

学会創立30周年記念論集編集委員会

委員長：佐藤千津（国際基督教大学）

委　員：太田　浩（一橋大学）

　　　　小川佳万（広島大学）

　　　　田中潤一（関西大学）

　　　　服部美奈（名古屋大学）

　　　　前田耕司（早稲田大学）（五十音順）

幹　事：新関ヴァッド郁代（産業能率大学）

著者紹介 （執筆順）

佐藤千津 （さとう　ちづ） （第1章）

国際基督教大学教授

主な著作は、Peter J. Anderson, Koji Maeda, Zane M. Diamond, Chizu Sato（eds.）（2021）*Post-Imperial Perspectives on Indigenous Education: Lessons from Japan and Australia*, Routledge. Chizu Sato（2016）*Kōminkan:* Its Roles in Education and Community-Building. In Kaori Okano（ed.）*Nonformal Education and Civil Society in Japan*, Chapter 9, Routledge, pp.159-178. など。

前田耕司 （まえだ　こうじ） （第2章）

早稲田大学教授

主な著作は、Peter J. Anderson, Koji Maeda, Zane M. Diamond, Chizu Sato（eds.）（2021）*Post-Imperial Perspectives on Indigenous Education: Lessons from Japan and Australia*, Routledge. 前田耕司『オーストラリア先住民族の主体形成と大学開放』（単著、明石書店、2019年）など。

服部美奈 （はっとり　みな） （第3章）

名古屋大学教授

主な著作は、『教育とエンパワーメント（イスラム・ジェンダー・スタディーズ第3巻）』（小林寧子と共編著、明石書店、2020年）、『インドネシアの近代女子教育―イスラーム改革運動のなかの女性―』（単著、山川出版社、2001年）など。

小川佳万 （おがわ　よしかず） （第4章）

広島大学教授

主な著作は、『韓国の高等教育政策―直面する課題と利害関係者―』（共著、広島大学高等教育研究開発センター、2019年）、『教育学ってどんなもの』（共編著、協同出版、2017年）など。

田中潤一 （たなか　じゅんいち） （第5章）

関西大学教授

主な著作は、『西田哲学における知識論の研究』（単著、ナカニシヤ出版、2012年）、『教育課程の理論と方法』（単著、北斗書房、2016年）など。

玉井康之（たまい　やすゆき）（第6章）

北海道教育大学副学長

主な著作は、『現代アラスカの学校改革―開かれた学校づくりと生涯学習―』（単著、高文堂出版社、1997年）、『豊かな心を育むへき地・小規模校教育―少子化時代の学校の可能性―』（共編著、学事出版、2019年）など。

川前あゆみ（かわまえ　あゆみ）（第6章）

北海道教育大学釧路校教授

主な著作は、『アラスカと北海道のへき地教育』（共編著、北樹出版、2016年）、「タイにおける小規模校の管理の工夫と日本への応用の視座―小規模校化する教育環境改善の一環にみるタイの教育政策の教訓―」『へき地教育研究』第75号、pp. 87-94（共著、北海道教育大学へき地・小規模校教育研究センター、2021年）など。

Jeffry Gayman（ジェフリー・ゲーマン）（第7章）

北海道大学大学院教授

主な著作は、*The Routledge Handbook of Indigenous Environmental Knowledge*（共著、Routledge、2020年）、*Indigenous Philosophies of Education Around the World*（共著、Routledge、2018年）など。

Zane Diamond（ゼーン・ダイアモンド）（第8章）

モナシュ大学教授

主な著作は、Zane Diamond (2021) *Gautama Buddha: Education for Wisdom*, Springer., Peter J. Anderson, Koji Maeda, Zane M. Diamond, Chizu Sato (eds.) (2021) *Post-Imperial Perspectives on Indigenous Education: Lessons from Japan and Australia*, Routledge. など。

新関 ヴァッド 郁代（にいぜき ゔぁっど いくよ）（第8章、日本国際教育学会30年のあゆみ）

産業能率大学専任講師

主な著作は、「ポスト2015段階におけるラオス少数民族の教育問題に関する考察」日本国際教育学会『国際教育』第23号, pp.32-48（単著、学事出版、2017年）、「ラオス少数民族に出自を持つ教員の質保証に関する課題の検討―社会的公正の視点から―」日本学習社会学会『日本学習社会学会年報』第15号, pp.71-84（単著、2019年）など。

Michael Conway （マイケル・コンウェイ）（第9章）

大谷大学准教授

主な著作は、「『教行信証』の英訳の限界と英文注釈書作成の必要性について」『真宗総合研究所研究紀要』第38号（単著、2021年）、「英語圏における浄土真宗―「日本的特性」によって閉ざされている普遍救済の道―」『日本佛教學會年報』第84号、pp. 307-337（単著、2019年）、"Ethics in Pure Land Schools." *Oxford Handbook of Buddhist Ethics*. Oxford University Press（2018）など。

岩﨑正吾 （いわさき　しょうご）（第10章）

首都大学東京（現：東京都立大学）名誉教授

主な著作は、『現代ロシアの教育改革』（共編著、東信堂、2021年）、『多文化・多民族共生時代の世界の生涯学習』（編著、学文社、2018年）など。

趙　天歌 （ちょう　てんか）（第11章）

早稲田大学助手

主な著作は、「中国上山下郷運動による知識青年への影響に関する考察―高齢期知青のライフストーリー分析を中心に―」日本学習社会学会『日本学習社会学会年報』第15号、pp. 85-98、（単著、2019年）など。

植田啓嗣 （うえだ　さとし）（第12章）

福島大学講師

主な著作は、「タイにおける仏教学校の役割―山岳少数民族の教育機会とエスニシティー」日本国際教育学会『国際教育』第26号, pp.55-72（単著、2020年）、"Current Status and Roles Regarding Educational Opportunity Expansion Schools in Thailand" 日本タイ学会『年報タイ研究』第19号, pp.21-32（単著、2019年）など。

金塚　基 （かなつか　もとい）（日本国際教育学会30年のあゆみ）

東京未来大学准教授

主な著作は、『多文化社会を拓く』（共編著、ムイスリ出版、2019年）、「特別活動における学校行事のあり方に関する一考察―高等学校での集団的な応援活動の意義を通じて―」『東京未来大学研究紀要』第14号, pp. 29-36（単著、2020年）など。

コミュニティの創造と国際教育
〈日本国際教育学会創立 30 周年記念論集〉

2021 年 10 月 30 日　初版第 1 刷発行

編　者　学会創立 30 周年記念論集編集委員会

編著者　佐　藤　千　津
発行者　大　江　道　雅
発行所　株式会社 明石書店
〒 101-0021 東京都千代田区外神田 6-9-5
電　話　03-5818-1171
ＦＡＸ　03-5818-1174
振　替　00100-7-24505
http://www.akashi.co.jp
装幀　明石書店デザイン室
印刷・製本　モリモト印刷株式会社

（定価はカバーに表示してあります）　　　　ISBN978-4-7503-5297-8

学習社会への展望

地域社会における学習支援の再構築

日本学習社会学会創立10周年記念出版編集委員会 [編]

◎A5判／並製／180頁　◎2,600円

「学習社会」の実現という課題に、研究と実践の両面にわたる多様な側面からアプローチしてきた日本学習社会学会。「地域社会における学習支援の再構築」にスポットをあて、学習社会実現への新たな展開を探るとともに、創立10周年となる会の研究と実践の軌跡をたどる一冊。

●内容構成

〈価格は本体価格です〉

オーストラリア先住民族の主体形成と大学開放

前田耕司 [著]

◎A5判／上製／236頁　◎3,800円

オーストラリアのアボリジニ先住民高等教育について、いかに自己決定を促進し、主体形成を意図した能力開発をおこなっていくことができるか、またいかに専門職養成の高等教育システムを構築できるかを日本のアイヌ民族教育と比較しながら考察する。

●内容構成

〈価格は本体価格です〉

教員環境の国際比較

専門職としての教員と校長

OECD国際教員指導環境調査(TALIS)
2018報告書[第2巻]

国立教育政策研究所 [編]

◎B5判／並製／308頁　◎3,500円

小学校と中学校の教員と校長の勤務環境や指導状況等を対象にした
OECD 国際比較調査の結果をもとに、教員の満足度とストレス、教員評価、
教員同士の連携、スクールリーダーシップなどに焦点を当て、日本にとって
示唆ある内容を整理・分析する。

●内容構成

〈価格は本体価格です〉

発展途上国の困難な状況にある子どもの教育
澤村信英編著
難民・障害・貧困をめぐるフィールド研究
◎4800円

途上国の学びを拓く
澤村信英編著
対話で生み出す教育開発の可能性
◎4800円

ケニアの教育における格差と公正
久保田賢一編著
地域・学校、生徒からみる教育の質と「再有償化」
◎2600円

アフリカの生活世界と学校教育
小川未空著
◎4500円

教育開発国際協力研究の展開
澤村信英編著
EFA(万人のための教育)達成に向けた実践と課題
◎4000円

アフリカにおける遺児の生活と学校教育
澤村信英編著
マラウイ中等教育の就学継続に着目して
◎5000円

オーストラリア先住民の土地権と環境管理
日下部光著
◎3800円

スタディツアーの理論と実践
友永雄吾著
世界人権問題叢書 84
オーストラリア先住民との対話から学ぶフォーラム型ツアー
◎3800円

友永雄吾著
◎2200円

先住・少数民族の言語保持と教育
長谷川瑞穂著
カナダ・イヌイットの現実と未来
◎4500円

グアム・チャモロダンスの挑戦
中山京子著
失われた伝統・文化を再創造する
◎2500円

イランカラプテ アイヌ民族を知っていますか?
秋辺日出男、阿部ユポほか著 アイヌ民族に関する人権教育の会監修
先住権・文化継承・差別の問題
◎2500円

「人種」「民族」をどう教えるか
中山京子、東優也、太田満、森茂岳雄編著
創られた概念の解体をめざして
◎2000円

イスラーム/ムスリムをどう教えるか
荒井正剛、小林春夫編著
ステレオタイプからの脱却を目指す異文化理解
◎2600円

多様性が拓く学びのデザイン
佐藤智子、髙橋美能編著
主体的・対話的に他者と学ぶ教養教育の理論と実践
◎2300円

多文化共生のためのシティズンシップ教育実践ハンドブック
多文化共生のための市民性教育研究会編著
◎2400円

多文化社会の社会教育
公民館・図書館・博物館がつくる「安心の居場所」
渡辺幸倫編著
◎2000円

◎2500円

多文化教育の国際比較
世界10カ国の教育政策と移民政策
松尾知明著 ◎2300円

小学校の多文化歴史教育
授業構成とカリキュラム開発
太田満著 ◎3800円

多文化クラスの授業デザイン
外国につながる子どものために
松尾知明著 ◎2200円

社会科における多文化教育
多様性・社会正義・公正を学ぶ
森茂岳雄、川﨑誠司、桐谷正信、青木香代子編著 ◎2700円

学力工場の社会学
英国の新自由主義的教育改革による不平等の再生産
クリスティ・クルツ著 仲田康一監訳 濱元伸彦訳 ◎3800円

批判的教育学事典
マイケル・W・アップル、ウェイン・アウ、ルイ・アルマンド・ガンディン編
長尾彰夫、澤田稔監修 ◎25000円

教育は社会をどう変えたのか
個人化をもたらすリベラリズムの暴力
桜井智恵子著 ◎2500円

10代からの批判的思考
社会を変える9つのヒント
名嶋義直編著 寺川直樹、田中俊亮、竹村修文、後藤玲子、今村和宏、志田陽子、佐藤友則、古閑涼二著 ◎2300円

教員政策と国際協力
未来を拓く教育をすべての子どもに
興津妙子、川口純編著 ◎3200円

教育のワールドクラス
21世紀の学校システムをつくる
アンドレアス・シュライヒャー著 経済協力開発機構（OECD）編 ベネッセコーポレーション企画・制作 鈴木寛、秋田喜代美監訳 ◎3000円

教育のディープラーニング
世界に関わり世界を変える
マイケル・フラン、ジョアン・クイン、ジョアン・マッキーチェン著 松下佳代監訳 濱田久美子訳 ◎3000円

黒人と白人の世界史
「人種」はいかにつくられてきたか
世界人権問題叢書104
オレリア・ミシェル著 児玉しおり訳 中村隆之解説 ◎2700円

世界を動かす変革の力
アリシア・ガーザ著 人権学習コレクティブ訳 ブラック・ライブズ・マター共同代表からのメッセージ ◎2200円

無意識のバイアス
人はなぜ人種差別をするのか
ジェニファー・エバーハート著 山岡希美訳 高史明解説 ◎2600円

日常生活に埋め込まれたマイクロアグレッション
人種・ジェンダー・性的指向：マイノリティに向けられる無意識の差別
デラルド・ウィン・スー著 マイクロアグレッション研究会訳 ◎3500円

ホワイト・フラジリティ
私たちはなぜレイシズムに向き合えないのか？
ロビン・ディアンジェロ著 貴堂嘉之監訳 上田勢子訳 ◎2500円

〈価格は本体価格です〉